培养孩子的自驱力

雨 彤 著

电子工业出版社·

Publishing House of Electronics Industry

北京·BEIJING

内 容 简 介

本书是一本写给家长的书，分享作者如何与孩子一起成长的经验。作者从自身的经历出发，作为一位妈妈和一名儿童创新教育与创造力的研究者，陪伴女儿先后在中国北京、丹麦哥本哈根、美国旧金山和中国香港读书，经历了中西方教育模式的洗礼，也看到了太多家长在儿童教育方面所走的弯路，希望将自己的经验、教训和心得体会分享给读者，以帮助更多的孩子茁壮成长。全书以"培养孩子的自驱力"为核心，分 4 篇，分别为"培养孩子的沟通力""培养孩子的学习力""培养孩子的自控力""培养孩子的内驱力"，各篇通过案例来阐释说明父母如何引导孩子找到"自己"，拥有自驱力，成就幸福人生。

本书适合广大养育儿女的父母阅读，也可供研究亲子教育的人员参考。

图书在版编目（CIP）数据

培养孩子的自驱力 / 雨彤著. 一北京：电子工业出版社，2019.5
ISBN 978-7-121-36518-8

Ⅰ. ①培… Ⅱ. ①雨… Ⅲ. ①儿童教育－家庭教育 Ⅳ. ①G782

中国版本图书馆 CIP 数据核字（2019）第 092066 号

责任编辑：王二华
印　　刷：北京虎彩文化传播有限公司
装　　订：北京虎彩文化传播有限公司
出版发行：电子工业出版社
　　　　　北京市海淀区万寿路 173 信箱　　邮编：100036
开　　本：720×1000　　1/16　　印张：15　　字数：212 千字
版　　次：2019 年 5 月第 1 版
印　　次：2024 年 5 月第 3 次印刷
定　　价：59.00 元

凡所购买电子工业出版社图书有缺损问题，请向购买书店调换。若书店售缺，请与本社发行部联系，联系及邮购电话：（010）88254888，88258888。

质量投诉请发邮件至 zlts@phei.com.cn，盗版侵权举报请发邮件至 dbqq@phei.com.cn。

本书咨询联系方式：wangrh@phei.com.cn。

序

如何养育孩子？这个主题与每个家庭息息相关，甚至关系到一个国家的现在和未来。当我拿到雨彤女士《培养孩子的自驱力》这本书的样稿时，便被"自驱力"这几个字深深吸引。

多年以来，我致力于自我成长、员工关系、管理沟通和职业生涯等方面的教学与研究工作，发现一个人最核心的生命力就是"自驱力"。自驱力就像是一辆汽车的发动机，是汽车正常行驶的保障。如果脱离发动机，仅靠外力拉或推，汽车是难以走远的。孩子也是一样，如果缺少自我驱动，仅靠家长或老师的外部驱动，短期内可能会取得不错的成绩，但从长期来看其生命的厚度和人生的高度可能会受限。

正如美国著名心理学家、创造力研究开创者吉尔福特（J.P.Guilford）教授所言，创造力是富于创造的人们所拥有的能力，每个正常的人都会有创造性的行为，也就是说，在培养和发展创造力方面，每个人都大有可为，创造力并不是天才的专属，人人都有创造力，换言之，人人都可创造幸福卓越的人生。

每一位家长都希望自己的孩子富有创造力，都希望孩子在未来的职场中获得更多的发展机会，收获一个快乐而卓越的人生，但发展孩子们的创造力，需要家长认清本质，掌握核心技能。吉尔福特教授明确指出，要想提升创造力，前提条件是利用个体所具备的内在的潜力，核心是发展自我管理能力，即培养和提升孩子的自驱力。

《培养孩子的自驱力》这本书的出版可谓恰逢其时，越来越多的家长不再将学习成绩作为衡量孩子健康成长的唯一标准，开始更多地重视孩子创造力与自驱力的培养和开发。本书体系完整，将自驱力分为沟通力、学习力、自控力和内驱力四个方面，尤其可贵的是每个部分都提供了丰富、鲜活的案例，可读性和可操作性很强。

父母与孩子相处，可谓斗智斗勇。太硬使不得，太软不好用。我倾向于"巧技能"的开发和使用。当今时代，一个人不会做也不会说，是三流；只做不说（具备一些硬技能）或只说不做（具备一些软技能），是二流；做得好又会说，是一流，这也是"巧技能"使人提升的方向。懂得沟通的巧技能者，不仅可以减少与孩子沟通中的冲突，还可以使自己成长为更加卓越的父母。培养孩子的自驱力，家长们更需要一些巧技能。

巧技能主要包括：第一，强而不霸，包容有度。父母在孩子面前有强的一面，但不能自以为是，不能霸道，不能命令、指挥、控制，要能够尊重、包容孩子，能够用心养育、用心沟通。第二，养育系统，细节感人。养是责任，育是天职。父母要意识到养育孩子、与孩子的沟通是一个系统工程，要善于构建沟通闭环，要注意点滴细节。第三，尊重差异，展示特色。父母与子女之间有年龄、理解力、思维方式等客观差异，家长要尊重这些差异，还要注意不同孩子的个性与能力差异，并能在与孩子的沟通过程中巧妙地指出孩子的优势所在，让孩子找到内在的动力。第四，角色明确，换位思考。父母应当明确自己在培养孩子自驱力过程中的角色，不能越俎代庖，成为孩子的"保姆"，并能够巧妙地进行换位思考。

对每个家庭来说，养育孩子是一个充满挑战的长期工程；养育孩子的过程也是一个家长不断自我成长、自我领导力开发的过程。我始终认为，领导力的核心是一种关系，就是通过引领、传导和效力，把自己的目标变为别人需求的过程。作为家长，首先要有培养孩子的大目标、大梦想，要对未来有着美好的愿景，这样才能起到引领孩子一起成长的作用；其次要用心与孩子沟通，激发孩子们的自驱力，一起朝着梦想中的目标去努力奋斗；最后，梦想要成真，需要很强的效力，一步一个脚印，家长要以身作则。

祝贺《培养孩子的自驱力》一书的出版，希望本书能够给您和孩子带来帮助！拥有自驱力，人生方可上高速！

刘平青

北京理工大学教授

前言：与女儿一起成长

写完这本书稿的时候，发现窗外的天空已经飞满彩霞，凝望着彩霞，我思绪万千。这些年我用心写下这些文字，既是写给自己，更是写给读到它的人，我希望它能够走到更多的人面前，用真心打动读到它的人，最终使得每个孩子能够找到"自己"，拥有自驱力，努力去做"最好的自己"。

我一直认为，要想解决孩子的教育问题，首先要解决父母教育能力的问题，所以这本书不仅与家长分享如何教育孩子，更是引导家长要关注自我教育，注重自我成长。其实，孩子教育中存在的诸多问题，都和家长的教育习惯、教育方式有关。

在过去的十多年里，我陪伴女儿先后在中国北京、丹麦哥本哈根、美国旧金山和中国香港上学，经历了中西方教育模式的洗礼，也看到了太多家长在孩子教育方面所走的弯路，所以就希望把自己的经验、教训和心得体会分享给家长朋友，以帮助更多的孩子苗壮成长。

凡为人父母，都希望孩子出类拔萃，能够进入最好的学校接受最好的教育。但是每个孩子都是独一无二的，有不同的个性、思想和判断力。所以，每个孩子也注定要走适合自己的道路。

如今，科技的高速发展、知识的快速更替总是会给人带来许多莫名的焦虑，于是面向孩子的各种培训机构应运而生。面对日益严峻的竞争压力，更多家长把教育孩子的重心放在了知识性的学习上，这种短视的教育理念带来了一系列的社会问题。

比如，人工智能的出现，已经开始引起很多家长的反思，人的知识学习能力与机器人无法相提并论，那么人的优势是什么呢？电影《人工智能》给出了答案：人有感情，机器人是机器。所以，无论身处什么样的时代，父母都不能忽视家庭教育的重要性。父母应该对孩子进行人格教育，让孩子拥有可贵的自尊、乐观、独立、坚持等品格，重点培养孩子的学习力、自控力、沟通力、内驱力等能力，只有这样才会增强孩子对未来的掌控能力。

一个人要想在某个领域做出成就，只有渊博的专业知识是远远不够的，高尚的品格、良好的习惯、发自内心的追求以及清楚地知道"我是谁"等都是缺一不可的要素。除了专业知识，其他的这些要素主要来自家庭教育。家庭教育其实是一门艺术，没有标准的配方，需要父母根据孩子进行创意。由于不同阶段的孩子对父母也有不同的要求，所以父母的角色必须是动态的，父母需要不断地提升自我。作为父母，我们必须拿出爱心和耐心，帮助、等待孩子找到"自己"，培养孩子的自驱力，毕竟"教育的精髓是点燃梦想"。

作为一位妈妈，作为一名儿童创新教育和创造力的研究者，我通过观察、调研、体悟，发现亲子教育的核心是培养孩子的自驱力，这听起来似乎并没有太大的新意，但它却是教育的本质。一个没有自驱力的孩子，不管家长提供多么好的外部条件，终究无法成就自己的幸福人生。所以，本书的核心就是"培养孩子的自驱力"，我将自驱力分为沟通力、学习力、自控力和内驱力四个方面。

第一篇"培养孩子的沟通力"包括第1~3章。第1章有关合作，合作能力是关乎一个人未来是否幸福的核心能力，因为一切问题归根结底都是合作问题。第2章有关沟通，家长一定要学会与孩子沟通，良好的沟通是良好亲子关系的前提，良好的亲子关系是家庭教育的先决条件。第3章有关人际关系，每个人都无法脱离社会，所以良好的人际关系是每个人立足社会的必要条件，能否拥有处理人际关系的技巧，能否与所处环境和谐相处，能否被周围的人接纳和认可，直接决定一个人是否快乐、幸福。

第二篇"培养孩子的学习力"包括第4~7章。第4章有关阅读，一个人的阅读能力决定了其自学能力，阅读是可以让人受益一生的好习惯。第5章有关思考，孩子会不会思考，家长是关键，孩子有没有自驱力，思考是关键。第6章有关体育运动，体育运动除了能够带来身体上的健康，还能带来很多其他方面的收获，爱上体育运动的孩子，都是学习能力很强的孩子。第 7 章有关自学，在"学历不代表学问""终身学习"的时代，只有拥有自学能力的人才能跟上时代的步伐。

第三篇"培养孩子的自控力"包括第 8~10 章。第 8 章有关电子产品，越来越多的家长意识到电子产品已经成为孩子学习的主要干扰，如何让生活在网络时代的孩子合理地使用电子产品，如何培养孩子对电子产品的自控力，是每位家长不得不面对的难题。第 9 章有关时间管理，在当下时间管理是能力，更是自控力、竞争力。第 10 章有关钢琴学习，越来越多的家庭开始把学习音乐作为孩子的必修课，但是家长该怎么做才能少走弯路，钢琴（音乐）学习到底能带给孩子什么？这些萦绕每位家长心头的困惑我都经历过，在书中也就相关经验进行一一分享。

第四篇"培养孩子的内驱力"包括第 11~14 章。第 11 章有关内驱力，一个人只有拥有发自内心的追求，找到内驱力，才能克服困难，战胜挫折，超越自我。第 12 章有关坚持，很多时候、很多事情都是坚持一下，再坚持一下就好了，所以拥有坚持的品格非常难能可贵。第 13 章有关乐观，乐观是一种世界观，也是一种自我管理情绪的能力。当面对挫折和困难时，乐观能够让人更好地坚持下去，直到收获最终的成功。所以，乐观才有希望。第 14 章有关做最好的自己，"我是谁"比"成为谁"更重要，所以孩子只有找到"自己"，拥有自驱力，才有可能成为最好的自己。

从女儿出生到今天，在过去的 4000 多个日日夜夜里，女儿成长的点点滴滴历历在目，犹如昨天。作为一位妈妈，我始终陪伴她一路前行，走过弯路，犯过错误，不断学习，且行且思考。我越来越深刻地意识到，在问题出现之前，没有人真正知道应该如何去解决它。在瞬息万变的时代里，高学历并不代表良好的教育，真正良好的教育是应对变化的能力，这就需要家长不断学习、自我成长，应对变化。正如管理大师彼得·德鲁克所言：真正受过良好教育的人是持续学习的人。

衷心地祝愿天下的父母们，从今天开始，持续学习，与孩子一起成长，培养孩子的自驱力！也祝愿每一个孩子，从今天开始，意识到自我管理的重要性，立下宏大的志向，茁壮成长，成就辉煌的人生！

感谢电子工业出版社的王二华老师，对我的书稿提出了宝贵建议。感谢北京理工大学刘平青教授欣然为本书写序。感谢与我相遇、相识的父母们，与我进行了坦诚的、无私的分享。感谢女儿，多年来，在不同的新环境里能够快速地适应、融入，能够不断地超越自我，能够坦诚地与我交流分享。感谢先生多年来对我研究和写作的支持，在各方面提供条件，使我能够安心陪伴和潜心研究。

作　　者

2019 年 4 月 12 日

目　　录

第一篇　培养孩子的沟通力

第三篇　培养孩子的自控力

第四篇　培养孩子的内驱力

第一篇
培养孩子的沟通力

◇ 合作：驱动孩子一生幸福的能力

◇ 沟通：让孩子的心不再孤独

◇ 掌控人际关系：让孩子融入环境

第1章

合作：驱动孩子一生幸福的能力

幸福是这几年的一个热点话题，我们常常看到这样的概念——幸福型家庭、幸福型企业，甚至也有幸福型社会这样的说法。追求幸福不仅是每个人挂在嘴边的话题，也是我们内心向往未来、挑战自我的根本动力。让孩子幸福是我们每一位父母的愿望。我发现，合作不仅能够影响孩子一生的幸福，也是影响孩子自驱力的重要因素。在这一章，我主要和家长朋友们分享如何培养孩子的合作精神、合作能力。

⚿ 培养孩子的合作能力，是父母的首要职责

和许多妈妈一样，看着孩子一天天长大，我常常自问：在孩子

的成长过程中，妈妈的主要职责到底是什么？

我相信每个妈妈都会有同感，这个问题其实并不容易回答。然而，如果妈妈们不能正确地回答这个问题，又如何能教育和培养出优秀、健康的孩子呢？

当女儿上幼儿园的时候，这个问题更加让我困惑。看到周围一些妈妈们，已经开始把孩子送往各种各样的培训班里"充电"，我不由得扪心自问：这是妈妈的核心职责吗？

其实，我一直不赞成在幼儿阶段把养育孩子的精力放在提前学习上，如把孩子送到培训机构学习识字、英语、绘画、跳舞等，而是主张把精力、时间用在与孩子的互动游戏，与孩子之间建立信任、亲密的亲子关系上，因为亲密的亲子关系才是家教的根本。

这只是我做妈妈的直觉，但是，我也不知道是对是错。很幸运！在女儿读幼儿园期间，我拜读到了阿德勒的著作——《自卑与超越》。这位著名的心理学大师说："从婴儿降生的一刻起，家长只有一个任务，教会孩子合作。"

这句话让我醍醐灌顶，仿佛一下子顿悟了，让我对"妈妈的职责"这个困扰我多年的问题找到了答案。幸运的是，这些年来，我不知不觉一直在践行阿德勒的理论，我没有人云亦云，没有盲从，始终把培养女儿的合作能力放在我"职责"的首位。

随着女儿逐渐长大，我对此不仅有深切的体会，而且受益匪浅。所以，我把"合作"作为与家长们分享的第一个话题。合作能力对孩子来说太重要了，会影响孩子一生的生活和工作。

阿德勒认为，从出生的那天起，婴儿就开始不断地尝试与外界合作。通常，婴儿的第一个尝试合作对象就是妈妈。婴儿会用哭闹等方式得到渴望的资源，如妈妈的哺育、拥抱、亲密接触等。很多有经验的妈妈在这个阶段可以听出婴儿不同的哭声，每种哭声代表不同的含义。孩子在婴儿初期，与世界的主要连接便是妈妈，婴儿会认为完美地控制了妈妈，便完美地控制了世界。这个阶段如果婴儿和妈妈建立了良好的合作关系，孩子完美控制世界的心理需要就得到了满足，这样婴儿的满足与安全感也会大大增加。之后，孩子的合作对象从妈妈一人开始变为爸爸、妈妈两人，然后扩大到其他家庭成员，如爷爷、奶奶等。

绝大多数的妈妈都有这样的体验，刚出生的孩子就能分辨出妈妈的声音。是的，对刚出生的孩子而言，妈妈的声音和心跳声会带来安全感。

女儿刚出生时，我们还住在医院里，由于我需要输液，就把她放在与我的床位紧挨着的小床上，只是偶尔的时候，才把她抱到我的身边。女儿从出生的第二天开始，只要被放回小床上就开始大声哭闹。我们都很紧张，不知道她到底是哪里不舒服？

室内温度很舒服，她也吃得饱饱的，但她就是不睡觉，躺在小床上，紧握小拳头，拼尽全身的力气大哭。后来，先生把她抱到我的床上，令我吃惊的是，她一躺在我的身边，马上就不哭了。女儿躺在我的怀里，非常安心。看着她好像非常满足的神情，我感到"幸福满满"。那一刻我就明白了：她哭，是因为她没有安全感；她不哭，是因为她找到了她熟悉的东西——妈妈的心跳声。按照阿德勒的观点就是女儿的心理需要得到了满足。

⚷ 相处，才能学会合作

妈妈与自己的孩子合作，没有现成的规律可循，因为每个孩子都是独一无二的，有不同的个性、思想，所以妈妈需要与孩子多相处。妈妈只有在与孩子的相处过程中，通过关注和理解孩子的需求，才能学会如何照顾孩子的身体、如何理解孩子的情绪、如何与孩子合作。

不少家庭选择"把孩子交给其他人照顾日常生活，送孩子进入早教班"的养育方式。通常这类家庭会有这样的观点：孩子小，什么都不知道，谁带都一样。这种养育方式很普遍。但是，我不赞成这种方式。我始终主张的观点是：启蒙教育不是提前学习，而是需要父母付出精力和时间用心陪伴。父母在与孩子的互动中，要启发、引导孩子去探索，呵护孩子的好奇心，激发孩子的学习热情。父母的用心陪伴很重要，孩子只有感受到了父母的关爱，信任父母，父母才能有机会引导、教育孩子。

北方人常说的"小孩子认生"就是指孩子大概三四个月的时候就已经会选择让谁抱，大人拍手表示"抱抱"的时候，孩子会选择把手递给他/她最信任的人。如果是在家人与外人之间选择，孩子会选择家人。

"小孩子认生"现象表明，婴儿出生后，不是"无所事事"，而是一直在尝试着与周围的世界合作，通过合作来建立信任感。信任是良好亲子关系的前提，良好亲子关系是家庭教育的前提。启蒙阶段是培养信任的关键期，所以如果父母没有在这个阶段选择与孩子相处该是多大的遗憾啊！

只有多与孩子相处，父母才能够很清楚地了解孩子的特点。父母只有在认清孩子的特点之后多动脑筋、运用智慧、找到有效的方法，才能帮助孩子成长。

我女儿小时候，胆子比较小，做事情一旦出了差错，就会表现得无所适从，不敢再去尝试。

2010 年，我在上海世博会买了两个水晶球，打算一个送给女儿，一个送给朋友家女儿。

到家后，女儿很高兴地拿起水晶球看里面的花草，没拿好，水晶球掉在地板上，碎了。一看到水晶球碎了，她紧张地都快要哭了，并且想逃离现场。看到她的反应，我立马对她说："宝贝，你站在那里不要动，我担心玻璃渣子伤着你。"说着我把她抱到没有玻璃碎渣的地方，然后开始清理地板上的玻璃碎渣，一边清理，一边对她说："这些玻璃渣子很容易伤着人，清理的时候得特别小心。碎了水晶球是小事，被它的渣子伤着可就麻烦大了。" 她认真地听着，紧张地看着我清理，并提醒我："妈妈，你别被玻璃渣子伤着了。"

清理完后，我问她："你是不是还没看清楚里面有什么东西呀？" 她点点头。"好吧，幸亏买了两个。" 我一边说，一边把另外那个水晶球递给她。结果，女儿不接水晶球，而是对我说："妈妈，你拿着我看，好吗？" 我马上意识到了问题所在。于是，我坐下来，把她抱到我的腿上，对她说："宝贝，我知道你特别想看看漂亮的水晶球，又担心拿不好掉地板上，是不是呀？" 她点点头。我接着说："如果是这样的话，你拿好不就行了。有什么担心的？" 她听我这么说，才接过水晶球，结果，转着水晶球看了半圈儿，又掉地板上，摔碎了。

　　我把她放在沙发上，又重复刚才的清理工作。一边清理，一边跟她开玩笑："看来上海的水晶球不喜欢北京啊。回头，妈妈再给你买一个北京的水晶球吧。"这时候，女儿也快乐地忙起来了，坐在沙发上，指挥我清理我没有发现的玻璃渣子。

　　女儿 6 岁多时，我们生活在丹麦。有一天，她和我一起去超市买东西，有一种陶瓷足球储蓄罐做得太逼真了，她以为是足球，抱起来直接往地上一掷，足球没有像她想象的那样弹起来，而是变成了一地碎片。

　　我目睹了女儿对那次意外事件的处理过程。她先去水果区取了一个袋子，小心地把碎片装入袋子，然后找工作人员帮忙清理地面上的小碎渣；接下来找我，拎着袋子到柜台交钱。整件事情女儿处理得有条不紊，非常冷静。

　　这两件事情使我看到了女儿的成长，也让我体会到养育孩子要有耐心，遇到事情时，家长的从容冷静可以帮助孩子减少焦虑。家长可以用自己的言行教会孩子如何面对问题、解决问题，教会孩子担起责任。

　　只有多与孩子相处，父母才会理解孩子的行为和想法，孩子只有感受到被理解，感受到父母的关爱，才会接纳父母的引导和教育。

　　女儿 3 岁左右的时候，有一个周末，我们几个妈妈相约带孩子（几个孩子年龄差不多）到儿童游乐场玩。

　　到游乐场以后，妈妈们在一起聊天，孩子们玩自己喜欢的东西。其间，有个小男孩跑到妈妈身边，拿出六七支彩色铅笔交给妈妈，让妈妈帮忙先收着。妈妈问："宝贝，你怎么会有这么多的彩色铅笔呀？"小男孩略带紧张地小声回答："是我的好朋友 Y 昨天给我的。"妈妈接过彩色铅笔，又抱了抱小男孩说："好的，宝贝跟小朋友们一起玩儿去吧！"接下来继续与其他的妈妈一起聊天。

小男孩回答妈妈问话时的神态给我的直觉就是"他没有对妈妈说实话"，所以小男孩跑开后，我就比较留意他，发现他直接跑到了画画的摊位，站在放着各种彩色铅笔、油画棒、荧光画笔的架子前面挑选自己喜欢的笔，我赶紧提醒小男孩的妈妈。

让我没有想到的是小男孩妈妈的处理方式，先是很生气地责骂孩子，打孩子的手，然后归还了画笔。

我很吃惊这位妈妈为什么会这样教育 3 岁多的孩子。如果我是小男孩的妈妈，首先我要反省自己为什么会对孩子的行为不敏感；我会控制好自己的情绪，鼓励孩子自己说出"为什么撒谎说'画笔是好朋友给的'"。同时，让孩子认识到"随便拿走别人东西"的行为是不对的，接下来，会引导孩子应该怎么处理"妈妈手中的画笔"。

后来，我发现周围有很多像小男孩妈妈一样的父母。要么是发现不了孩子的问题，读不懂孩子的行为；要么是发现了问题，家长把发泄自己的情绪当作解决问题的办法。通常这类父母有一个共同的特点：平时与孩子相处的时间比较少。

我的体会是，作为妈妈要对孩子有足够的敏感，要善于观察孩子的行为，倾听孩子的心声，读懂孩子的想法，不可以对孩子的行为视而不见、敷衍了事。智慧的父母会让孩子在关爱中潜移默化地接受教育。

孩子只有在与父母的相处过程中积累了有用的经验，才会在与他人相处的时候得心应手。

女儿小学期间分别在丹麦哥本哈根、美国旧金山及中国香港三个地方读书，她的适应能力很强，每到一个新地方，很快就会有好朋友。这主要得益于她在与我们相处过程中积累了与人合作的经验，使得她在新的环境里能很快地被接纳，很容易找到归属感。她的这个能力确实让我们省了很多心。

我和先生很爱女儿，但从来不溺爱。平时如果女儿有什么不当的言谈举止，我们就会通过引导女儿换位思考，让她体会别人的感受，进而接受我们的建议，而不会以"孩子小，长大就会明白"作为借口而推卸对她管教的责任；如果做错了事情，我们会耐心地引导女儿找出错的原因，同时帮助她找到正确的做法；作为父母，我们自然会对女儿很关注，但平时会用心引导她认识规则、明白人之常情、领会如何与人相处的技巧。

总的来说，父母只有与孩子建立了良好的亲子关系，才可以帮助孩子认识自我，超越自我；才可以走进孩子的内心，并有机会去"引导、培养"孩子。孩子只有从父母的做事风格中积累了好的合作经验，才能够在学校与同学、老师关系融洽，进而激发学习热情。

良好合作关系的基础是信任

良好合作关系的基础是信任，父母应该如何与孩子之间建立信任呢？首先，父母不要因为孩子小，为了维持短暂的、表面上的"和平"而欺骗孩子。婴幼儿时期是培养信任的关键期，父母不能想当然地认为"婴幼儿不懂事，好糊弄"。如果父母与孩子之间在孩子的婴幼儿时期没有建立信任，即使后期"亡羊补牢"，效果也往往不尽人意。

女儿 2 岁半到 4 岁的那段时间，我经常出差。

第一次出差的时候，我提前跟女儿一起读了读有关"妈妈出差了"的绘本，并且借用绘本中的语言，对她解释"你的妈妈也要离开几天"，等等。当我第二天早上离开家时，她像平时一样，很平静。到了下班时间没有见到我，她刚开始是等，然后到处找，等家人告诉她"妈妈出差了"，她才明白"出差"就是"见不到妈妈"，于是开始哭闹。

第二次出差前，我刚说出"妈妈要出差"，她立马就开始哭闹，等她情绪稳定了，我对她说了说"不能见到你，我的心情也不好。你因为不能见到我而哭闹，我的心情更加不好"之类的话。然后我们俩又一起读了"有关妈妈出差了"的绘本，读书的时候，女儿对我说："妈妈，你出差的时候，我像绘本中的小兔子一样想念你。"

我夸奖女儿："你长大了，懂事了。在没有经历过'妈妈出差'这件事情的时候，咱们一起读了很多遍绘本，你没有明白'出差'的含义，更体会不到绘本中小兔子的心情，今天读这本书就特别不一样了，你不但懂了什么是'出差'，还能够理解小兔子的心情。"同时，我鼓励她，如果能像小兔子一样在妈妈出差期间调整好自己的心情，就会取得更大的进步。

后来，女儿通过"妈妈出差"学会了认识自己的情绪、调整自己的情绪。更可贵的是她对我的信任，因为我从来不会对她隐瞒事实。

其次，父母要做到"言必信，行必果"。孩子不信任父母，通常与父母不信守承诺有关。

女儿一直都很信任我们，我们对女儿一直都很守信用。

2015年，先生去丹麦出差，临走前对女儿说："宝贝，爸爸这次从丹麦给你带一款最新的'星球大战'系列的乐高作为礼物吧！"这原本是一件很平常的事情，但是中间出现的两个"插曲"使事情变得不平常了。第一，先生给女儿买的乐高由于尺寸大不能装入行李箱，因为尺寸的缘故也不能带上飞机。最后的解决办法是：把乐高装入新买的行李袋，办理了托运。加上国际托运费这款乐高真是昂贵啊！第二，女儿发现：爸爸买回来的乐高是最新款的"复仇者"系列，不是"星球大战"系列。先生为自己的粗心向女儿道歉。女儿对爸爸说："没有关系的，爸爸，对我来说，哪一款乐高不重要，我知道爸爸特别守信用，特别爱我！"

女儿很信任我们。平时，她会很放心地与我们分享学校发生的事情，无论好事还是坏事。看着她在家庭中很有安全感，我们也很开心。

再次，面对出现问题的孩子，父母要控制好自己的情绪，以解决问题为目的，只有这样，父母才会赢得孩子的信任。

在孩子的成长过程中总会遇到各种各样的问题，不可能一帆风顺。面对出现问题的孩子，父母既不可以小题大做，也不可以视而不见、听之任之。

面对出现问题的孩子，父母首先要冷静、控制好情绪，并且解决问题要以"孩子改正错误，吸取教训"为目的。不给孩子解释机会，不用心去发现问题的真正原因，只是受控于自己情绪的父母，不可能与孩子之间有良好的亲子关系。

以解决问题为目的的父母才会给予孩子信任感和安全感，孩子有了信任感和安全感才会说出自己的心声，父母只有听到孩子的心声，才能"对症下药"引导孩子改正错误。

女儿就读的学校，学生每年会有 3~5 天的露营生活。每次露营结束后我都会听到很多这样的事情：有的小女孩会想家，想念父母。也有不少小女孩会说："我一点都不想家，我特别不喜欢我的妈妈。""我妈妈每次打我，我都想报警，没有报警是因为我担心妈妈被拘捕。""我讨厌我妈妈，她总是说我不好。""我每天在学校很开心，一放学想到要见到妈妈，我就很不开心。"等等。

我认为这类觉得离开妈妈就是"解脱"的孩子，一定是遇到了"管教严厉、方法不当"的妈妈。

我也不止一次见过情绪失控的妈妈对孩子声色俱厉，妈妈列举着孩子的种种错误，孩子心不在焉地附和着："是的，妈妈。"往往处于自己情绪中的妈妈对孩子的"应付"没有丝毫察觉。等妈妈情绪过去了，孩子就"躲过一劫"了。面对孩子出现的问题，妈妈很生气地指责、训斥一番，关于如何解决问题却只字未提。

据我观察，在这种教养方式下成长的孩子有一些共同的特点：在学校，对学习兴趣一般，成绩一般，把更多的精力用于纠结与同学之间的人际关系；在家里，这类孩子特别容易"吃定"父母，从小就学会了如何讨父母欢心，如何满足自己的不合理要求而又不被父母识破真相。这类孩子多数时候表现为"表面顺从，内心抵触"，因为家长很少与他们进行心灵交流，所以往往看起来比同龄孩子或"更世故"或"更幼稚"。本质上，他们都是没有得到父母真正关爱的孩子。

我的观点是：面对有问题的孩子，教育父母比教育孩子更急迫，只有父母改变了，孩子才会改变；父母只有给予孩子信任感和安全感，孩子才有勇气展现真实的自我。

⚿ 父母该如何帮助孩子扩大合作的范围

首先，父母只有相信孩子才能成就孩子。小孩子只要一走出家门，就会尝试寻找小朋友一起玩儿，这是孩子的天性使然。父母要相信别人家的孩子会善意对待自己的孩子，也要相信自己的孩子有能力与同伴交往。只有这样才会使孩子发展出良好的人际交往技能。父母不可以打着疼爱孩子的名义，过度干涉孩子。父母把孩子作为弱者对待，只会扼杀孩子的思维发展和行动能力。

女儿小的时候，每天在小区游乐场玩儿，那段时期有个小男孩很出名，只要他一到游乐场，家长们就会找出各种理由带着自己的孩子离开。原因就出在小男孩的妈妈身上，小男孩的妈妈总觉得自己的儿子是"小皇帝"，大家都得服从她儿子的要求，都得陪着她儿子玩。小男孩妈妈的言谈举止大家都很厌恶，邻里之间，大家为了维护表面上的"和睦"，只能"躲"。如此一来，小男孩就成了圈儿里出了名的"熊孩子"。妈妈的干涉让孩子成了"孤家寡人"，丧失了学习与他人合作的机会。

其次，父母要通过言传身教让孩子学会如何与别人相处。孩子能从父母的一言一行中学会分享与体谅，或者学会以自我为中心。孩子会把与父母相处中学到的经验运用到他人和社会。

"孩子是父母的镜子"，有什么样的父母就会有什么样的孩子，孩子在与父母的相处中，一直都在模仿父母的言行，无论是"熊孩子"还是"人见人爱的孩子"都是来自对父母的耳濡目染。

每次到自助餐厅用餐，我都对上面提到的观点深信不疑。在自助餐厅自由用餐的环境里，有的家庭，不管大人还是小孩，面对丰盛的食物，都能够根据自己的需要取餐，不会轻易浪费食物。并且，如果你多留心观察，往往还能发现这样的家庭，大人和小孩都表现得文质彬彬，如小声交流、对服务员有礼貌等；有的家庭，不管大人还是小孩，面对丰盛的食物，把餐盘装得像座小山，即使餐桌上摆满了食物，大人和小孩还是会一趟一趟地取餐，用完餐，餐桌上的食物堆放得仍然像座小山。并且这样的家庭，大人和小孩通常都是很"自由"，不会顾及公共场合，大声喧哗，大快朵颐。

在丹麦生活时，有一件事情给我留下了深刻的印象，后来随着女儿的长大，发现周围有很多类似的家长。

有一次，一位妈妈向我诉苦，她的女儿从四岁开始学琴，学了五年了，数不清换了多少老师，但是没有一位老师能管得了这个孩子。我知道这个孩子正在跟着一位特别有经验、有耐心的老师学琴。所以，妈妈的烦恼让我很好奇。

"目前的老师不是很好吗？"我问。

"是很不错，但是孩子根本不听她的。"

"什么表现呢？"

"不按老师的要求做，每次复课达不到要求，如果老师让她多做几遍，就会双手离开琴键，什么都不做了。"

"哦，这么有个性。那你怎么跟孩子沟通的呢？"

"在课堂上我都是忍着不发火，回到家，我会问她为什么要那样？"

"她怎么解释？"

"不作声。"

"是吗？那你们怎么交流？"

"都是我在说，我问她'是不是不喜欢目前的老师？如果是，我马上给你换。'"

我突然不知道该怎么接话。原来，在这位妈妈心目中老师就是"付钱上课，不高兴就换"的角色，难怪孩子对老师是那样的态度，难怪老师管不了她家孩子。妈妈对老师的定位决定了老师在孩子心目中的地位，如果妈妈不改变自己的看法，什么样的老师也管不了她家的孩子。

这样的案例有很多，这些现象的"病根"就是父母与孩子都不懂"爱人者，人恒爱之；敬人者，人恒敬之"的道理，没有感恩之心，把所得到的一切都视作"理所当然"。无数案例已经证明，只有让孩子具备了体谅、关爱他人的能力，他才会生活在感恩之中。只有懂得感恩的孩子，才会拥有幸福的能力。

⚷ 父母培养孩子合作意识时需要注意什么

第一，对合作有正确的理解。

合作是指两个或两个以上的个体为了实现共同目标（共同利益）

而自愿结合在一起，通过相互间的配合与协调（包括语言和行为）而实现共同目标（共同利益），最终个人利益获得满足的一种社会交往活动。

合作不是顺从，不是失去自我。合作与竞争不矛盾，只有在合作中竞争，在竞争中合作，才会获得双赢。在合作中，每个人都要充分发挥自己的能量。

第二，父母不可以顺从孩子的不当言行。

有些父母在孩子有不当的言行时，较多地采取了顺从、放任的态度，父母的这种做法容易使幼儿产生"以自我为中心"的意识。

如果父母不能及时纠正孩子的错误，那么就只是在无原则地满足孩子不合理的欲望。根本培养不了孩子的合作意识。

只强调"以自我为中心"，没有合作意识，会导致孩子的任性和自私。所以父母不可以盲目地顺从孩子的不当言行，不可以溺爱孩子。

第三，父母不可以控制孩子。

如果父母的控制欲太强，对孩子的什么事情都要干涉，从来不顾及孩子的感受，那么就会出现两种发展趋势：一种是孩子从父母那里学会专制，做任何事情都不会考虑别人的感受；另一种是孩子特别被动，只会追随别人，而没有自己的主见。合作不是控制，也不是屈从，合作是一种主动的行为。

总之，合作特别重要，合作能力直接关乎一个人的幸福能力。正如心理学家所说，一切问题归根结底都是合作问题。我们每个人都与周围其他人相互关联，所以每个人都必须得与他人合作，比如人类的延续和发展必须依赖于两性关系的良好发展。合作是孩子将来立足社会的一项重要能力，也是一项重要的自我驱动力，未来的社会不但需要竞争，更需要合作中的竞争。可以这么说：不会合作的孩子是没有希望、没有未来的孩子！

第 2 章

沟通：让孩子的心不再孤独

在孩子的成长过程中，家长与孩子之间的沟通特别重要。好的教育取决于好的亲子关系，好的亲子关系取决于好的沟通，而好的沟通是孩子发自内心的交流，是真挚情感的流露。家长只有通过沟通才能把自己的经验和理念传递给孩子，进而达到教育孩子、培养孩子自驱力的目的。我一直都把能够顺利地引导教育女儿成长，归因于我们之间的良好沟通。

那么，家长该怎么与孩子沟通呢？答案是：沟通没有固定的章法可依。不过，只要家长肯花心思，总会找到办法。我根据与孩子的沟通经验，总结了如下的沟通步骤：

第一，家长需要从孩子的角度去理解和感受孩子的想法、需求和困惑。

第二，家长在与孩子沟通之前要先整理出一个合理的解决办法。如果家长一时没有想明白该怎么办，可以明确地告诉孩子："我理解你，不过目前我也不知道有什么好的办法，等到明天或周末咱们一起想想吧。"

第三，家长有了解决问题的思路之后，要有条理地通过提问的方式引导孩子思考，直至孩子想出解决办法，并且使孩子感觉"这是我自己找到的解决问题的办法"。

第四，家长需要进一步观察孩子如何使用"办法"解决问题、得到了什么样的结果，以及根据孩子对结果的态度，判断要不要引导孩子调整"办法"，等等。

要想与孩子之间的沟通有效，家长就一定要了解孩子真正的想法、需求和困惑。我在这里分享自己常用的方法。

让孩子说出心里话

如果孩子不对父母说出自己的心里话，父母就无法引导教育孩子。我通常的做法是：孩子越是觉得遇到了大麻烦，我越是表现得沉着冷静，不让孩子在我面前感到紧张，而是让孩子有安全感，只有这样我才能听到孩子说出心里话。一直以来，我们通过言传身教给女儿灌输的理念就是：无论她遇到什么事情，无论在这件事情上她有多么糟糕，都可以放心地告诉我们，我们只会帮助她找到解决办法，肯定不会通过责骂、嘲讽发泄自己的情绪。

我们家搬往丹麦哥本哈根后，女儿入读英语国际学校。

我第一次参加家长会，感觉很特别。说"特别"是因为这里的"家长会"是老师与每个学生的家长按照预约的时间单独见面。

第二次家长会的时候，我与老师在教室见面，女儿则在教室外面的读书区域读书。家长会快要结束时，老师对我说："我有一件事情不知道该怎么办？每次我让班上的学生写作，我把纸和笔放在你女儿的桌子上，不管这个写作的过程需要多长时间，她都不会去碰纸和笔。我尝试了很多办法，但是都没有用。"听老师这么说，我的直觉是女儿在写作方面没有自信。看着老师无奈的表情，我说："对不起，给您添麻烦了，谢谢您让我知道！我会试着与女儿沟通这件事情。"

家长会结束后，我一走出教室，女儿就马上过来拉住我的手，同时仰起小脸在我脸上"搜索"。"妈妈，老师是怎么说我的？"她不安地问。

看到她眼神中的惊慌，我故作沮丧地对她说："刚才我跟老师交流蛮紧张的。我在想，是不是下次家长会，我提前给老师写封邮件要求一下，请你做我的翻译。"听我这么说，我能感觉到她放松了不少。我先向女儿传递了一个信号：每个人都会遇到让自己紧张的事情。

在回家的路上，我们彼此没有再提起有关家长会的事情，但是，我一路上除了跟她聊天之外，都在思考该怎么办。

到家后，放下书包，我让她跟我一起到家附近的公园散步。那天，空气有些凉丝丝的，公园的路面上到处是形状各异的水洼。她一身那个季节典型的丹麦孩子装扮：连体衣，中筒的防水鞋。在公园里，女儿踩水洼，摘红色圣诞果，跑来跑去，很是开心。

　　半个小时后，我叫上她与我一起走。我牵着她的手，边走边对她说："宝贝，我想跟你聊聊今天的家长会。"紧接着我复述了令老师棘手的事情，所述事情得到她的认可之后，我问："你为什么不碰纸和笔呢？"

　　沉默了好久，她答："我不会写。"

　　"哦，看来我猜对了，听老师说完，我的直觉就是你在写上有困难。"

　　"真的吗？"

　　"是。我也觉得'写'对你来说会有很大的挑战，毕竟你接触英语的时间短，我也没有想到这个年龄就要开始写作。"

　　"妈妈，你是什么时候开始英文写作的？"

　　"中学。中文写作是在小学三年级开始的。你没有提起过写作的事情，我原以为你下个学年才会开始写作呢。"

　　"那是不是对我要求太早了呢？"

　　"应该不是，既然老师要求，说明学生在这个年龄该具备这个能力了。"

　　"但是，我不会写。"

　　"我理解你在写作上的困难。但是'拒绝去写'不能解决问题，咱们得想想该怎么办？对了，同学们写作的时候你在做什么呢？"

　　"我就坐着，什么也没有做。"

　　"心里有没有着急呢？"

"有。但是不知道该怎么办？我会的单词不多。"

"哦，那能不能下次老师让写的时候，你尽自己最大努力、运用你平时掌握的 spelling list（生词表，学生每周会得到按照拼写规律列出的生词表）上的单词去写呢？"

"我会拼写 spelling list 上的单词，但是还有许多我想用但不会写的单词。"

"明白了，你想用平时与同学之间说的那些单词，是吗？"

"是啊，要不怎么写呢？"

"直接问老师怎么样？"

"我担心老师嘲笑我，因为我很多单词都不会。"

"我敢保证老师不会嘲笑你。老师很乐意帮助学生克服困难，学生进步是老师的心愿。要不，你下次试着把会的单词写出来，不会的主动问老师怎么样？"

第二天，女儿放学后告诉我："今天，老师让写的时候，我动笔写了，但是很慢，因为总要问老师该怎么拼写。"

"老师乐意帮助你吗？"

"很乐意，每次我问她，她都会对我笑。"

老师的态度使得女儿在写作上迈出了第一步。

再后来，女儿又发现了一个好办法，不会的单词还可以请教坐在一起的同学。事实上，是因为老师的态度打消了女儿"不会拼写会被嘲笑"的顾虑，才使得她敢于寻找更多的解决办法。

那个学期，我会经常询问女儿有关她写作的事情，从女儿的言谈中，我能感受到她在写作上的进步以及慢慢地开始找到写作的乐趣。

现在，女儿写的东西经常会被老师在课堂上读给大家听，老师说她的作品像是那种以写作为生的作者写出来的。写到这里，我真想问问女儿："嗨，小姑娘，还记不记得几年前咱们一起在丹麦公园里讨论的那件事？"

思考孩子行为背后的需要

沟通需要家长看到孩子行为背后的需要。家长只有理解、接纳了孩子的行为，才能沟通，才能和孩子一起找到解决问题的方法，并且大大减少亲子之间的冲突。接下来，我分享一个有关女儿入睡的案例。

女儿很喜欢读书，是典型的"书虫"。每天晚上睡觉前催她放下书，都是不忍心的事，感觉硬生生地把她从书的世界里拽了出来。

在她沉迷于有关罗马与希腊众神系列故事书的日子里，有一天晚上，我答应她，可以多看 20 分钟。但是，等 20 分钟到的时候，书的内容也到了高潮处。

她很守信用，准时爬到了床上睡觉。我在隔壁卧房看书， 1 个小时过后，我还是能听到她在床上辗转反侧。我也要准备睡觉了，于是，我叫她，她不回应。我再叫，她还是不出声。我意识到她不想让我知道她还没有睡着，因为第二天还要上学，折腾这么久没有入睡，她担心我会不高兴。我又大声说："宝贝，是不是睡不着？如果睡不着，就过来吧。"紧接着，随着一声"好"她旋风般抱着枕头就出现在我的面前。

躺下后，我对她说："妈妈不想让你睡前看书，是因为如果看书兴奋了，就会睡不着。你今天是不是就是这种情况？"

"是，一直都在想书里面将会发生什么事情。"

然后，我告诉她，她小时候每每入睡有困难的时候，有两种帮助方法：一种是把头抵着我的后背，听着我的心跳能很快入睡；另一种是拉着我的手，很快就能入睡。她听完后，拉起我的手，然后问我："是不是这样？"接下来，大概不到 10 分钟，我的耳边就听到了她均匀的呼吸声。

睡觉这件事是这样的，那么晚她还没有入睡，我很着急，估计叫她的时候，她听出了我声音里面的情绪。所以，面对我的询问，她不应答，假装睡着了。她没有回应，说明她不敢把真实情况让我知道。我意识到以后，赶紧调整自己，没让不良情绪继续发酵，更没有发泄自己的不满，而是采用了理解她和让她安心的方法——"拉着她的手，让她快速入睡"，很快地把问题解决了。

用商量的方式沟通

家长要用商量的方式与孩子进行沟通，而不是命令，让孩子感受到被尊重。美国成功学家卡耐基说过，用"建议"，而不下"命令"，不但能维持对方的自尊，而且能使他人乐于改正错误，并与你合作。

父母一定要明白：孩子的事情必须孩子自己处理，即使父母有自己的想法，也要通过商量的方式，把自己的意见传达给孩子，帮助孩子全面地认识问题，让孩子权衡利弊后再做出选择。毕竟，许多事情都需要孩子自己付出努力才能实现。如果父母忽视了孩子的主观能动性，一味地用父母的威严来压制孩子，不但沟通没有效果，也不会对孩子起到引导教育的作用。

当亲子关系发生冲突时，父母总是不愿意自己的权威受到挑战，希望以父母的权威来压制孩子，使孩子屈从。实际上，冲突产生时，每个人都非常注重自己的尊严，不希望被他人压制，孩子也是如此。如果父母的方式不对，孩子不仅不会听从父母的意见，反而会产生逆反心理，恶化亲子关系。

所以父母在与孩子发生冲突和矛盾的情况下要学会使用商量的口吻，让孩子体会到父母的爱与尊重，体会到人格的平等，只有这样，孩子才会比较顺利地接受父母的意见。

特别是对于孩子的不良行为，更需要父母非常有耐心地与孩子沟通，使孩子认清利弊，帮助孩子改掉不良行为。

总之，父母与孩子之间遇事商量，不仅可以增加彼此之间的相互理解和信任，避免许多无谓的争吵，而且还能教会孩子为人处世，促进孩子健康成长。

当孩子遇到困难时，父母要与孩子沟通，只有当孩子愿意接受父母的建议时，才会主动寻找克服困难的办法。如果父母用自己的威严逼迫孩子接纳父母的意见，最终结果一定是孩子的放弃。关于这些，我深有体会。

以前，女儿弹钢琴时，总是不开口唱。

在丹麦的时候，老师跟她讲过"唱"在弹钢琴中的重要性，她没有采纳老师的建议。我提醒过几次也没有效果。

来到中国香港后，随着弹钢琴的难度增加，不唱已经影响了她的学琴进度。有段时间，在钢琴课上，老师总是流露出对她学琴进度的不满意。那段时间，女儿每天在家练琴很刻苦，但是见到老师的时候，老师总是说她没有好好练琴。

有一次，上完钢琴课，在回家的路上，我与她交流："你最近弹琴遇到了瓶颈，是不是因为缺乏唱呢？"

"不知道。"

"我记得老师说过：'唱可以帮助你找到音乐的感觉。唱是音乐的一部分，如果缺少这部分的练习，对于音乐的学习怎么说都是不完整的。'"

"嗯，老师是这么说过。"

"那你觉得最近这段时间弹琴总是不能突破？会不会跟平时练琴的时候不唱有关呢？"

"不知道。"

我怎么都没有想到，唱对女儿来说会是那么大的自我挑战。

第二天，她练琴的时候开口唱了，不过，唱的时候哭了。

一周后，我发现她每天练琴的时候唱已经比较自然了。我问她为什么第一次唱会哭？她告诉我，"特别不愿意唱，因为总是觉得'开口唱'很难为情，但是又觉得不唱不行"。

后来，女儿终于克服了困难，取得了进步。

通过这件事情，我也深刻体会到：家长必须要摆正自己的位置，孩子的困难只能靠孩子自己克服。面对遇到困难的孩子，家长只能给出建议，并且建议只有被孩子接受了才会有效。良好的沟通是建议被接纳的前提条件。

⊙━ 珍惜与孩子的日常沟通

家长每天都需要与孩子进行积极的、愉快的沟通，不要认为沟通只是在发生冲突和矛盾的时候才需要。

在日常沟通中，父母要看到、看懂孩子的付出。很多父母认为孩子是被照顾的对象，没有能力给予，或者我们习惯于关注孩子的问题，不懂得花心思去看孩子的付出。实际上，孩子想办法让父母开心，如分享自己在课堂上的精彩表现、讲学校发生的有趣事、迫不及待地展示自己学到的一项新本领等，都是孩子的付出。

我每天都会拿出时间倾听女儿讲在学校发生的事情：遇到好笑的，跟她一起开心；遇到不好的，跟她一起分析利弊；遇到麻烦，帮她出主意、想办法，等等。就是这些日复一日看似"没有什么用处"的沟通奠定了我们之间的信任，培养了她的同理心。同理心和信任保证了良好的亲子关系，良好的亲子关系又是沟通的必要条件。

更让我没有想到的是这些"微不足道"的日常沟通使女儿学会了"双语"。你看日常沟通是多么重要。

"双语"是香港很多家庭为孩子选择学校时首要考虑的问题。所以我要在这里分享有关"双语"的案例。

2015 年，我们家搬到香港后，女儿入读国际学校，女儿是那时候才开始接触学校里开设的中文课的。

我记得小学的第一次家长会上，中文老师见到我就问：你女儿的中文水平让人出乎意料，她的中文是怎么学的？

在中学的第一堂中文课上，老师与女儿交流后，问她："你是不是从 local（公立）学校转过来的？"得知不是之后，又问："你的家庭是不是特别重视中文？"

女儿的中文是不错，如果我们不说，几乎没人能看出她在国际学校读书。来到香港后，我见过不少身处中文家庭，从小就学中文，但上中学后依然中文说得结结巴巴的国际学校学生；也接触过很多中文家庭，发愁就读国际学校的孩子该怎么学好中文。老实说，是来到香港后，看到学校开设有中文课，我才开始思考有关"双语"的事情的。

学语言最重要的是环境，中文家庭的孩子学中文有得天独厚的条件，如果家长还为孩子的中文发愁的话，那么家长就需要反思：利用好"中文家庭环境"这个条件了吗？

在丹麦生活时，每天上学和放学的路上，都是我绞尽脑汁给女儿讲故事的时间。她每天一放学就急切地跑出教学楼，听我讲故事，见到我第一句话就是问："然后呢？"这句话意味着，故事要接上，要从早上分手时故事断点处继续往下讲。慢慢地，她从一个个故事中听出了故事的寓意和我的用心。她听出来了，我教育的目的也达到了，同时表明她的理解力也提高了。

前几天，女儿对我讲，老师问同学们"好吃懒做"里面的"好"是什么意思，同学们给出的答案都是"好"的字面意思，班上只有她知道是"喜欢"的意思。我问她是怎么知道的？她回答说："只有这样理解才合理呀！"是啊，从环境里学习语言怎么会和仅从书本上得到的一样呢？

女儿一直坚持阅读中文读物，特别是每年暑假，更是她在中文故事里遨游的大好时光。对于中文家庭的孩子，在阅读时遇到不理解的地方，家长不就是"活字典"吗？家长给孩子提供这个方便了吗？

对于身处中文家庭、就读国际学校的孩子的中文学习，我的观点是：学校是家的延伸。毕竟身处国际学校，中文只是被当作一门语言，不可能指望学校一周多安排几节课来解决中文的学习问题。

对中文家庭而言，语言环境就是日常生活中父母与孩子之间点滴愉快的交流沟通。

然而，现实中最常见的情况却是，从孩子进家门开始，家长就使用命令性的语言告诉孩子该做什么，如洗手、吃东西、做作业、洗澡、吃饭等。看到这些现象，我为孩子们在中文学习过程中，家长没有认识到"孩子可以通过与父母之间的交流进行学习"感到可惜。

总而言之，我的分享希望能使家长们认识到日常沟通的重要性，千万别把它当作是浪费时间的事情。

⚙ 沟通要把握时机

沟通要注意把握时机。不少家长喜欢随时随地对孩子"畅所欲言"，不考虑孩子的想法和自尊心。家长这种为所欲为的说教方式很有杀伤力，很快就会让父母在孩子面前威严尽失，形成"家长暴跳如雷，孩子无动于衷"的局面。

有一次，我和女儿与一对刚认识的母子俩一起吃午餐。进餐过程中，那位妈妈一直不停地说教自己的儿子。看到我的女儿跟服务员点餐，那位妈妈就教导自己的儿子要把英语学好，要有礼貌；看到我的女儿用餐，她又教导自己的儿子要注重进餐礼仪，等等。一餐下来，我脑袋晕晕乎乎，几乎都不记得吃了什么东西，满脑子都是那位妈妈的唠叨。

不过，我发现她的儿子已经学会了屏蔽妈妈的唠叨。用餐时，只要他想干什么，就会随时打断正在说话的妈妈，并且也不会因为妈妈不高兴而改变自己的想法和行为。后来，我又遇到过不少这样的父母，也了解到这类父母的想法：只要父母说了就是在教育孩子。面对这种想当然的"教育方式"，我真的很无奈。

与女儿的沟通，我做到了：有第三方在场的情况下，如果女儿的行为不当，我会提醒她，用眼神制止她，不会指责批评。并且指出不当行为时，会遵循：话到为止。

在丹麦的时候，有一次上钢琴课，房间飞进来一只蛾子，女儿就开始忙着捉蛾子，大概捉了半节课。我只是坐着看书，什么也没有说。到晚上睡觉的时候，我对她说："我对你今天在钢琴课上的表现很失望。玩心太重了，忘记了自己的任务，你这样做对大家都不好，浪费了老师、妈妈和自己的时间。"经我这么一说，女儿认识到了自己的行为不妥，从那以后，再也没有在课堂上做不该做的事情。

如果我没有选择时机，直接在课堂上对女儿进行一通说教，那么又会是什么结果呢？我肯定会很生气，老师会不知所措，女儿的自尊心也会受到很大的伤害。估计一堂课全泡汤了，甚至以后的很多堂课，大家都会彼此不自在。

所以，家长要控制好自己的情绪，把握好时机，让孩子听进去并接受自己的分析与建议。孩子需要家长的引导，需要家长告诉她怎么做才是对的。孩子只有通过家长的耐心引导，才会慢慢积累经验和明白社会规则。仅仅指出孩子的错误与不足，只是满足了家长的情绪发泄，对孩子的成长没有丝毫的益处。当然，家长无视孩子的不当行为，也是不负责任的，只能维持一时的表面开心与一团和气，等孩子到了青春期，认识到自己不被别人认可和接受的时候，要么悲观，要么叛逆。

☞ 不要讨好孩子

沟通中，理解孩子的目的是为了找到真正的原因，进而找到有效解决问题的办法，不是为了讨好孩子。

梁实秋说过这样一句话："我一向不相信孩子是未来世界的主人翁，因为我亲眼见孩子到处在做现在的主人翁。"

这句话真是现实的写照啊。很多父母为了讨孩子欢心，对孩子没有原则。往往这种讨好型父母数年后就会看到孩子的模样——任性，没有同理心，更没有包容心。

我经常告诉女儿：爱自己的孩子，动物都会。但如何引导、教育孩子，的确需要父母的智慧。不要以为被溺爱的孩子获得的父母的爱更多，实际上，那不是真爱。理智型的父母会对孩子爱得更深沉一些，看得更远一些。做父母的，如果看到孩子跌倒了，自己跑过去把孩子抱起来总比看着孩子自己爬起来，心里更好过一些吧？但是，为了孩子的成长，为了让孩子明白规则，父母必须克制自己因为疼爱孩子而忘记引导的那种冲动，不是吗？

如今，女儿在学校已经深有体会，有些同学根本不懂得怎么与别人合作，并且那些任性、自以为是的孩子通常被冷落了、气哭了，都不知道原因出在哪里。每次跟我分享完这类事情，女儿总会对我说："谢谢妈妈！我现在完全理解你的用心了。"

总而言之，亲子沟通很重要，家长如果不用心，本质上就是松懈了对孩子的引导责任，没有尽到家长的义务。并且在这个沟通中，占主动权的是家长，所以如果孩子有什么问题，家长是不是首先应该反思自己呢？毕竟孩子是家长的镜子。青春期孩子的强烈叛逆，也是对家长教养及沟通方式的一场斗争而已。孩子反抗的外表下那颗孤独的心，家长看到了吗？所以，家长一定要学会与孩子沟通，通过沟通培养孩子良好的自驱力！

第 3 章

掌控人际关系：让孩子融入环境

我发现，自驱力强的孩子有一个共同的特征，他们善于与周围的同学、老师、朋友建立良好的人际关系。这种良好的人际关系给孩子们带来了非常强的自信心，他们处理事情游刃有余，人际关系很好，有很多好朋友，并能够学会在与不同人打交道的过程中不断完善自己。

但是，对许多家长而言，教会孩子建立良好的人际关系是一个很大的挑战。从 1980 年开始，大部分城市家庭只有一个孩子。最近开放了二胎政策，不少家庭虽然有了两个孩子，但是由于孩子的年龄差距太大，养两个孩子也相当于养了两个独生子女。不少家庭都是 4~6 个大人围着一个孩子，由于在家里与小孩相处的都是大人，那么在平时的相处过程中，大人迁就孩子，由着孩子的性子来也是家常便饭，孩子处于这样的家庭环境，特别容易养成唯我独尊的习惯。

因为孩子总要走出家门，孩子不可能只跟自己的家人打交道，所以家长要尽早通过言传身教使孩子学会如何与他人相处。

结合这些年的所见所闻，我认真思考并且梳理了"如何培养孩子的人际关系技巧和能力"这个问题，在这里分享给各位家长朋友。

树立规则意识

"爱人者，人恒爱之；敬人者，人恒敬之。"真可谓道尽了人际关系的精髓。

每个孩子都是全家的宝贝，每位父母都希望自己的孩子人见人爱、花见花开。很多时候，家长觉得孩子还小，不用讲究规则，长大了自然就会明白，就会遵守规则，小时候要给孩子充分的自由和随心所欲的快乐。事实上，正是家长这种"对规则没有敬畏之心"的态度，才使得孩子在公共场合招人厌烦，才导致了孩子上学以后在人际关系上处处碰壁。

几年前，网上流行一个帖子，内容是关于一个在欧洲生活多年的同胞，回国后，经常见到小孩子在公共场合追逐嬉闹、大声喧哗，而家长却认为是在学习欧美快乐教育的"怪"现象。在帖子中，作者详细阐述了她在国内看到的现状和欧洲的小孩子根据年龄分别会接受什么样的教育。结尾处，作者给出了自己的观点：目前，国内很多父母所谓的快乐教育本质上就是放任、纵容孩子。

老实说，帖子中所说的现象在国内随处可见。我们一家在丹麦生活过几年，我对作者的感受深有体会。

丹麦多次被评为"全球最幸福的国家"。丹麦的孩子在自由、快乐中长大，但绝对不是在不顾及周围人感受、为所欲为中长大。

在丹麦，有一次我到学校做志愿者，发现女儿的同学不管学习成绩如何，举止言谈都很有礼貌，能体现出受过教育的修养。

丹麦义务教育的主要目的是教育孩子如何成为一个合格的公民，如言谈举止得体、遵守社会规则等。

关于规则意识，龙应台曾经讲过她的一次经历。

她说有一次上了飞机才发现，自己座位旁边正好坐着母子三人，一个母亲带着两个儿子，大的孩子十岁左右，小的孩子也就五六岁……当时自己的心情瞬间就凉下来了。飞机上的小孩子，周围有一个就足够"鸡犬不宁"了，更何况是两个小男孩，而且双双处在"狗都嫌"的年纪。

果然，刚起飞，两个孩子就兴奋起来了，叽叽喳喳你一言我一语……龙应台深深地叹了口气，认命地拿出耳机刚要带上……

这个时候，只见孩子的母亲一脸平静，对着两个孩子，伸出食指，在嘴边"嘘"的一声，暖人的一幕出现了……

两个小家伙瞬间闭紧了嘴巴，并老老实实坐完了全程，自始至终再没有大声说过一句话……直到飞机落地。

这就是教育的力量，这就是规则意识的魅力！

几乎每个孩子都是天真、好动、精力过剩的，只是有规则意识的家长把孩子培养成了人见人爱的绅士和淑女，他们小小年纪，就开始讲究教养和尊重；没有规则意识的家长把孩子纵容成了人见人烦的熊孩子，他们的人生才刚刚开始，就已经沉溺在自私中为所欲为。

培养正确的分享意识

正确的分享会带来收获和愉快。不正确的分享往往怀有私人目的，会让人很不舒服。在这里，我关注的是家长要思考如何引导孩子拒绝不想接受的他人分享，以及如何机智地处理不合理的分享要求。

在女儿小学四年级的时候，有一天，我见她从书包里拿出两袋零食，我问："是有同学过生日或转校，给班上同学准备的小礼物吗？"

"都不是。今天，同学 A 带了许多零食到学校，课间的时候分给了四五个同学。没有说为什么？"

"你跟她是好朋友吗？"

"不是。很少在一起玩儿，我们的兴趣不同。她是学年之初刚转入我们学校的，之前在本地学校读书。"

"哦，这样啊，估计她是想跟你做朋友，回头你挑个礼物送给她吧。"

令我没有想到的是，第二天，女儿又带回来两包零食。进家门就对我说："妈妈，同学 A 今天还是非要把零食给我，我真的不知道该怎么办？"

"她把零食给你的时候说了什么？"

"什么都没说，就是硬把零食塞给我。"

"除了分零食，你和 A 在课间或班上有什么交往吗？"

"没有。她长得很高，喜欢跟男孩子们在一起打闹。而我更喜欢跟好朋友在一起分享读过的故事。"

至此，我大概明白了，A 同学分零食给同学应该是家长的想法和要求。我接触过这类家长，比如家长希望自己的孩子多与某些孩子交往，就会准备一些小礼物或小零食让孩子带到学校分给那些孩子。

于是，我又问女儿："你想和 A 同学成为好朋友吗？"

"不可能，我们是不同的人，只是普通的同学而已。"女儿不假思索地回答我。

"那好，明天如果她再给你零食，你就说'我不能要，我妈妈不允许。'"我帮女儿出主意。

后来，A 同学还是每天带很多零食去学校，得到女儿的拒绝之后，她没有再把零食强制性分给女儿。不过，据女儿说，多次得到 A 同学零食的孩子们，后来有三个成了 A 同学的"跟班"。

这件事情给了我一个警示，学校就是一个小社会，不能用老眼光去看待现在的学生。孩子要有辨别能力，要敢于拒绝那种不正确的分享。

在学校，也经常会遇到不合理的分享要求。如果孩子把事情处理得太生硬，不但会伤了同学的情面，还会给自己带来不必要的麻烦。

有一次机器人课上，老师要求学生完成：（1）实现机器人沿着椭圆形的路线行走；（2）在功能（1）实现的基础，比较哪位同学的机器人走完一圈用时最短。女儿的机器人第一个实现了功能（1），而班上不少同学的机器人在行走过程中总是会出现各种问题，如转弯时原地打转儿或不按照路线行走等。同学 M 凑到女儿跟前问："我们交换代码好不好？"女儿跟我说的时候，我也很吃惊：M 怎么会提出这样的要求？按常理，当同学看到女儿的机器人实现了老师的要求，提出让女儿"帮忙看一下代码，确定一下问题出在哪里"等都是正常的，而像 M 这种"不平等的分享"要求是违反老师规定的。

"你怎么办了？"我关心地问。

"我不可能直接拒绝她，我对 M 说：'我的课堂任务还没有完成，能不能等我完成了自己的任务再去帮助你？'然后 M 答应着走开了。我觉得这么说，M 已经意识到自己做得不对了。她直接要求与我交换代码，这样做不诚实。"女儿很认真地说。

我很欣赏女儿的处理方法，既没有违背自己的原则，又没有让对方感觉下不了台。

只有正确的分享才会给人带来愉悦，所以引导孩子拒绝不合理的分享比教给孩子做个"烂好人"需要更多的智慧。

塑造合作意识

在国际学校，经常会有 team work（团队合作）。通常会有三种方式组成团队：老师随机指派学生组成团队，老师用心挑选、搭配学生组成团队，以及学生自愿组成团队。只要有团队合作，就一定会涉及成员之间的人际关系问题。

在团队合作中，只有拥有正确的合作意识：每个成员都要对团队做出贡献，按照团队任务合理地分工与合作，才能在团队中处理好人际关系。

团队合作里面的人际关系要求每个团队成员都要做出贡献。这个道理实际上很容易理解，如在接力赛跑中，你会选择什么样的合作伙伴？估计谁都知道选择跑得快的人作为队友，因为只有这样，赢的概率才高。

按照团队任务合理地分工与合作也是团队合作中人际关系的核心。如果没有正确的团队合作人际关系理念，即使强强联手，也未必能取得胜利。足球赛就很能证明这个观点。

家长可以引导孩子在团队合作中锻炼基于合作意识的人际关系。

我在这里分享几个有关学校团队合作的案例。

女儿就读的学校要求小学六年级的毕业生完成一个为时 8 周的团队合作项目，在 8 周时间内，学生每天的在校任务都是围绕团队项目开展的。因为每个学生的性格、基础和能力不同，为了保证完成项目，老师为每个团队挑选了团队成员。

女儿所在的团队小组由 3 个女孩组成。小组中的 E 和 T 刚开始合作，就因为性格的缘故，彼此合不来，每件事情都要争来争去，各不相让。女儿很沮丧，找到老师提出换组的要求。老师鼓励女儿坚持留下来，并且告诉女儿这样正好可以锻炼女儿的领导能力。所以在这次长时间的团队合作中，女儿除学术研究、团队合作之外，又多了一份协同人际关系的任务，这些都是项目结束后，在家长会上老师告诉我的。老师对我说："我知道这件事情对这个年龄的孩子来说确实很有挑战，不过你女儿的表现超出了我的预期。"

女儿听了老师的劝告之后，开始主动承担团队中的领导责任。首先分析小组中每个人的特长：E 的想法很多，T 的绘画不错，女儿自己很擅长研究。只要利用好每个人的长处合理分配团队任务，就一定会把这个项目做好。记得当时女儿对我说的时候，我问她："你是不是打算把每个人的特长在小组当着大家的面说一说？"她回答："不会。我打算分别跟她们两个人说。如果面对两个人说，会让她们两个更加不认同对方。比如，如果我说 E 的想法很多，T 就会觉得，自己的想法也很多啊。这样，每个人就会赌气，把力量用在自己不擅长的地方。"

最终，8 周结束后，她们小组的项目被评为班上的第一名。这期间发生过不少冲突，不过最终都以如何高质量地完成任务为导向，使每个人贡献了自己力所能及的力量。

在这次团队合作项目实施中，我从女儿那里也得知了她好朋友 S 的团队的合作情况。

S 是一个品学兼优、文静的女孩，在同学中人缘不错。S 所在的小组由 S 和两个男孩组成。8 周结束后，S 的小组勉强完成任务，工作基本上都是由 S 一个人做的，两个男孩差不多什么也没有做。

S 很不开心，觉得自己做了很多工作，最终结果也不理想。两个男孩也都很郁闷，因为他们根本就不知道该做什么。整个合作过程中，大家都特别不愉快，彼此指责，互不认可。

进入中学以后，随着青春期的到来，孩子们在习惯、追求、价值取向等方面会有很大的不同，开始很自然地出现"人以群聚"。

有一天，女儿晚饭时对我说："真是太不可思议了，indsoc（个人与社会）老师这次居然会让 M 跟我一个小组。"

"是那个在年级很出名、走网红路线的女孩 M 吗？"

"是呀。老师这次分组怎么会这么奇怪呢？"

"怎么奇怪了？"

"老师很了解 M 的呀，她怎么会让 M 与我一组呢？"

"不过，你是不是应该多考虑团队任务，不关注 M 的私人问题呢？"

听我这么说，女儿点头表示同意。

晚饭结束后，女儿对我说："M 的设计和书法不错，我们这次的任务是完成一张海报，可以让她做这些工作。另外一个男孩收集资料。我研究资料，组织海报内容。这样安排估计大家都会接受。"

"老师说让你做 leader（组长）？"

"没有啊，不过如果谁都不管，任务会完成得不好，所以我要想好怎么分工。"

经过小学六年级那个 8 周的团队合作项目之后，在后来的团队合作中，女儿总是会主动地承担起团队成员分工和把关团队任务完成质量的责任。

后来，我又从女儿口中得知，M 很乐意地接受了自己在团队任务中的分工，并且完成得很出色。

所以，通过团队合作发展以合作意识为纲的人际关系，通过以合作意识为纲的人际关系保证团队合作，是家长应该培养孩子的不可忽视的一项能力。

⟁ 学会换位思考

通过换位思考可以理解别人，换位思考是一种高超的人际能力。

再说一件在 8 周团队合作项目里发生的事情。

女儿所在的小组中，T 的基础最差，是需要帮助的那种类型，这也是老师挑选、搭配小组成员的原因之一。

在项目进行到第 6 周的时候，有一天早上，大家把需要研究的问题分工以后开始分头行动。女儿正在做幻灯片的时候，T 说："我要研究这个问题。"女儿说："刚才已经说好了我研究这个问题，再者我已经开始做了，你的要求没有道理。"T 立马情绪失控，用非常粗鲁、不礼貌的语言攻击女儿。

女儿见 T 不讲道理，一味地任性，就把发生的事情和 T 的言行告诉了老师。老师把 T 叫到跟前，严厉地批评了 T。T 回到座位上以后就开始一边抹眼泪，一边自言自语"没有人喜欢我，你们都把我抛弃了"之类的话，这显然是一个被宠坏的孩子。

大概折腾了 10 多分钟，T 看到没有人搭理她，就试探着问女儿："那我能不能跟你一起做？"

女儿跟我讲的时候，我心里很不平静，马上问女儿："你答应 T

了？"女儿点头。理智让我没有脱口说出心里话，而是问："你答应T的时候是怎么想的？"

"我觉得T是被自己困住了。在我们小组，她的基础最不好。这件事情，我觉得原因应该是T不知道该怎么做自己拿到的任务，需要帮忙，但是她又很要强。也大概是T认为我拿到了容易的任务。谁知道，反正T总是爱发脾气，大概她把同学当成了家长，觉得一发脾气，大家就会马上帮她的忙。之前，我遇到过这样的同学。"

"你为什么答应她的要求呢？"

"我们是一个团队，她无法完成分到的任务，就只能让她能做多少就做多少了，总比她什么都不做好吧！"

"她对你无端发火，你不在乎吗？"

"一点不在乎不可能。更难受的应该是她吧，毕竟不能完成任务，T的心情不会好。"

面对T的攻击和要求，女儿能如此大度，我认为与她具备换位思考能力有很大的关系。

下面再分享一件女儿进入中学以后发生的事情。

中学第一年的英文老师比较喜欢提问问题。在课堂上，老师提出问题，很多时候只有女儿一个人举手，但是老师总是等着把机会留给别人，只要有别人举手，不管之前女儿举手举了多长时间，老师就会马上让那位同学回答问题。听女儿这么说，我很困惑。

"总是这样吗？"

"经常这样。"

"老师给你回答问题的机会吗？"

"给。我差不多一堂课能回答两三个问题。老师问的问题我基本上都会，所以能回答的我都举手。"

"举手了，但老师不给你回答机会，你怎么想？"

"老师一直在等其他同学举手，是想给其他同学回答问题的机会。如果别人回答的不对，我继续举手，老师还是会让我回答呀。"

"老师的这种做法，你觉得公平吗？"

"公平。如果机会都给我才不公平。老师希望每个人都感觉自己很不错。"

"那会不会由于老师总在等别人举手，你以后即使知道答案也不再举手了呢？"

"不会。我举手，老师不一定让我回答。但是他明白我知道答案呀。"

听了女儿的想法，发现她通过换位思考，很容易理解别人，同时自己内心也很坦然，不纠结于问题的表面。换位思考能使人想得明白，人际关系自然也就处理得得心应手了。

⚷ 锻炼说话技巧

随着年龄增长，我越来越觉得说话是一门艺术。

季羡林先生曾说过"真话不全说，假话全不说"。我想这应该是会说话的最高标准了吧。

女儿 8 岁多时，有一次我们全家跟朋友一起聚餐，席间谈到了结婚照。女儿说："我有一次看到了爸爸妈妈的结婚照，爸爸没有变，不过我都没有认出妈妈。"

"为什么没有认出我呢？"我问。

她一时被问住了，大家也一下子都沉默不语，话说出口之后我也有点后悔在这么多人面前将了她的军，结果正在大家不知该如何解围时，女儿说："因为妈妈越来越年轻，所以我没有认出来。"引得大家哈哈大笑。

从丹麦回来，我们一家与我的研究生导师一家聚餐。席间，导师问女儿："你和妈妈比，谁的英语好啊？"

小姑娘笑了笑答道："这个问题由妈妈来回答吧。"把我们全给逗乐了。答案她给了，但是没有通过回答问题的方式。事后，我想：如果是我遇到这样的问题，会这么机智地处理吗？

在女儿的小学毕业留言簿上，不少同学给她的留言是"good talker"（善于沟通者），我可以证明这是真的。

说话技巧是一种能力，是说话者能照顾到他人感受的一种能力。这些需要家长对孩子从小时候、小事情上给予引导。

分享到这里，不得不谈另外一个问题：培养孩子处理人际关系的能力，对家长是有要求的。否则所有的技巧都是空谈。接下来说一说父母应该注意的方面。

如今，随处可见很"自我"的孩子，总希望别人都听他的，好事都要自己独占，处处喜欢占上风；有的孩子对别人斤斤计较，说话尖酸刻薄，稍不如意就乱发脾气，等等。家长需要反思一下，这些不就是家长溺爱孩子的结果吗？

如今，不少孩子不但被父母口口声声称为"公主""王子"，也要求家人如此对待自己的孩子。这些在家里被尊为"公主""王子"的孩子在学校很难与同学融洽相处；在社会上，也很难成为讲规则、懂规矩、有教养的孩子。

还有，父母不管是出于什么目的向孩子灌输物质优越感的做法都是不可取的。本质上，这样的做法对孩子在学校赢得尊重没有一点的帮助，只会形成孩子爱炫耀的毛病。不少爱炫耀的孩子总是会被老师和同学疏远，毕竟学校的目标是培养孩子学术及其他方面的能力。爱炫耀也是孩子希望从他人那里得到关注的无奈之举，家长如果能够读懂这些行为背后的动机，就应该引导孩子走到正常的道路上来，而不是不停地给孩子增加炫耀的资本。

父母应该让孩子作为社会中的一个个体正常地成长，不可以把亲子关系凌驾于其他一切关系之上。目前，在养育孩子的过程中，由于掺杂了太多家长的假设和愿望，使得原本很平常的人际交往被演绎成了一个社会难题。

人际关系就像空气一样，无处不在，无时不在。当孩子在学校遇到人际关系的问题时，家长不但需要拥有一颗平常心去看待问题，更需要清醒地认识到：谁家的孩子不是宝贝呢？

如果像电影《奇迹男孩》里面的霸道家长那样认为自己给学校捐款了，自己的孩子就该享有特权，自己的孩子就该比别人家的孩子更加优越，就只能让问题变得更加复杂，让孩子在人际关系处理中更加不知所措。老实说，如今很多孩子的人际关系问题都是由于家长的错误理念造成的。

作为父母，尽管我们渴望，但是无法永远待在孩子身边，无法提供永远的帮助。孩子在人生的征途中需要自我驱动、自我成长、自我完善。孩子从家庭一步一步地迈入社会，能否处理好人与人之间的关系，很大程度上决定了他们适应能力的强弱。为人父母，都希望自己的孩子快乐、幸福，这在很大程度上取决于孩子能否被自己所处的环境认可和接纳。孩子拥有良好的人际关系，对青春期、对学习、对将来进入社会都会有很大的帮助，所以家长一定要用正确的、成熟的理念去培养孩子与人相处的能力。

第二篇
培养孩子的学习力

✧ 让孩子爱上阅读

✧ 会思考，让孩子终身受益

✧ 让孩子爱上体育运动

✧ 让孩子学会自学

第4章

让孩子爱上阅读

阅读对培养孩子的自驱力特别重要，通常阅读能力强的孩子，其自我管理的能力和学习能力也都很强。很多父母也都知道阅读的重要性，但是父母的一些不当做法影响了孩子的阅读积极性。在这里，我想针对"培养孩子的阅读习惯"和"阅读的好处"两方面进行分享。

⚷ 培养孩子的阅读习惯

培养孩子的阅读习惯，大致分为两个阶段：孩子没有阅读能力之前和孩子具备阅读能力之后。我的做法是，没有阅读能力之前，采用共读的方法，我读、她听；有阅读能力之后，采用自主阅读的方法，家长把主要精力放在选书上，如果家长不能选书，可以让孩子的老师帮忙推荐书单。再者，经常带她到图书馆、书店。

一、与女儿一起共读

在孩子没有阅读能力之前，孩子的阅读对家长的依赖性很强，对家长而言，最大的挑战是：坚持。孩子具备阅读能力之后，孩子对家长的依赖性少了很多，家长在这个阶段需要做到以身作则。毕竟，只有热爱阅读的家庭才会养育出热爱阅读的孩子。

从女儿出生开始，我每天都会给她唱童谣、讲故事，反复唱、反复讲，慢慢地她开始通过面部表情和肢体动作进行回应，出生 5 个月的时候很清晰地喊出了"妈妈"。

女儿七八个月大的时候，我们经常一起玩指认"宝宝挂图"的游戏，我先指着图片告诉她是什么东西，等她认识了之后，我说东西的名称，她从图中找出对应的东西，或者拿来实物。比如，我说"香蕉""苹果"，她就会指认出图片上的香蕉和苹果，她虽然不会用语言交流，但是对我所说的话都能理解。

女儿 2 岁半之前，除了儿童绘本，我也会给她读《小小故事》，每篇故事篇幅不长、文字多、插图少，根据故事内容配有 1~2 幅插图。我主张：早期的故事应该根据孩子的自身特点循序渐进，只要在自然、轻松和孩子可理解的环境下进行就可以，不一定非要局限于儿童绘本，要根据孩子的能力，及时提高阅读难度。

女儿 2 岁半到 4 岁期间我因为工作缘故经常出差，她是怎么阅读的，我不知道。每次回家，短暂的停留，只要有空，我俩就会一起读书，那时候我发现女儿特别善于观察插图，并且能把插图与内容联系起来，而大人往往会忽略这些。我推测，也许我不在家的日子，她自己通过插图读书，见到我，就想让我把故事读给她听，她需要验证一下她读到的插图故事是不是就是书上的文字故事？即使现在她在读书时依然会比一般的孩子更留意插图，我不确信她是不是在那个阶段养成的习惯。

等我出差结束，可以每天与女儿一起读书的时候，发现周围不少孩子已经认识字了。有经验的妈妈们说，3 岁左右是识字敏感期。热心的妈妈们给我推荐了一套识字丛书《四五快读》（共 7 本），但是收效甚微，她对识字的兴趣不大。从 4 岁开始，每天女儿睡觉前，我们大概有 45 分钟左右的共读时间。那段时间我体会到了，比起给女儿买书，每天与女儿共读对我来说真是很大的挑战，因为坚持做一件事情很不容易。我也试过用语音设备播放故事给她听，她不喜欢，我就放弃了。

后来我发现她虽然自己不能阅读，但是有惊人的理解力。有一段时间，她总要每天听一遍《穿长靴的猫》。我很纳闷，但是看到她每次都听得那么认真，也就忍着没有打消她的积极性。直到有一天，她对我说："妈妈，我认识字了。"我惊讶地看着她："真的？"然后，她读了《穿长靴的猫》，从头到尾一个字儿都没有出错。"什么时候认字的？"她读的时候，我一直都很困惑。当她读完后，我随机指了几个故事中的文字，让她读给我听，她的答案让我知道她还是不怎么认识字。我把她抱在怀里大笑，然后，很认真地对她说："你的记忆力很好。不过，识字的事情不用着急，每个孩子都不同，你想读什么书，妈妈会跟你一起读，放心吧！"然后，我向她提问（这是第一次提问）书后面的几个问题，她的答案与书上给出的答案几乎是一样的。凭她的识字量，她还不能认识书后面的问题与答案。我特别惊讶，读了这么多遍《穿长靴的猫》，我都给不出这样的答案。她的理解力超出我的想象。

在女儿4~5岁的一年时光里，我们每天晚上都会一起读书，通常由她选择读什么书。我们会一边读书，一边问问题、回答问题。不过，采用的不是"家长问问题，孩子回答问题"的方式，而是"女儿问问题，我来回答或者我们两个一起找答案"的方式。我们没有一周读几本书的计划，也没有读完一本书要明白多少个词语、懂得什么道理的要求，只是每天很愉快地一起沉浸在故事里，一起讨论书中的图画、人物和故事情节。有时会一起改编故事情节，有时会一起讨论故事的可信度，有时会评论故事中的人物，如有些人物可爱、有些人物可恨、有些人物值得同情。总之，每本书对我们而言，都是不同的体验。即使一本书读了很多遍，每次读来也总是会有不同的发现，总会有不同的问题找来讨论。我们一起如痴如醉地享受读书，虽然女儿不能自己读书，但是每天合上书时总是那么恋恋不舍。

二、让孩子自己拼读

我小的时候是先学习拼音，后学习识字。现在时代变了，家长对孩子的早期教育投入了更多的精力，所以很多没有入园的幼儿虽然不认识拼音，但是已经认识了不少汉字。女儿在5岁半之前识字量很少（大概认识二三十个常用字），这原本是很正常的事情，但是在"早教"大环境下，反倒显得不太正常。我尽量不让她感受到不识字的压力，坚持每天一起愉快地读书，一起享受每个故事带来的体验，我的坚持使得她没有因为识字量影响阅读。

北京的幼儿园从大班（女儿 5 岁）开始学习拼音。女儿读幼儿园大班的那年，幼儿园聘请了经验丰富的退休教师——孙老师指导孩子们学习拼音。

拼音学习也是女儿第一次接受正规的学习训练。整个拼音字母的学习大概有三四个月的时间。学习拼音需要听、说、读、写同步进行，女儿学得不亦乐乎，每天都要拿出她的拼音课本给我读一读学过的拼音，还要随时随地练习拼读，比如说完一句话就会再试着拼读出这句话。女儿能够很认真地完成老师要求的拼音书写作业，拼音练习簿上的老师评语基本上都是"优秀"。拼音练习簿上有同步的拼读读物供孩子练习。拼读需要孩子掌握字母的读音，辨别出声母、韵母，是对拼音的综合运用。我家里有段录像记录了女儿拼读拼音练习簿上的故事"狐假虎威"的情形，女儿眼睛紧盯着我手上的拼音练习簿一边努力拼读，一边着急地不停扭动身子，身子从床头扭到床尾，从床尾扭到床头，整个画面让人忍俊不禁。

趁着女儿对拼读的热乎劲儿，我及时地调整了阅读方式，改成了每天晚上共读时由女儿读带拼音的故事书。先读字少的绘本，如《青蛙弗洛格的成长故事》就是女儿自己拼读的第一套绘本，如今每当看到这套书，女儿当初读书的情形就会历历在目。

陪着女儿拼读绘本，使我明白：孩子即使熟悉每个声母、每个韵母，知道每条拼读规则，要达到熟练的程度还是需要坚持不懈的拼读练习。记得女儿拼读《青蛙弗洛格的成长故事》时，主要精力都放在每个字的拼读上，往往是好不容易把一句话里的字拼读完了，却不知道一句话该怎么读。女儿坚持把《青蛙弗洛格的成长故事》拼读了三四遍，直到能流利地拼读。她这种不服输的个性，使她很快就能自己拼读《喜羊羊与灰太狼》故事丛书。她每天晚上自己拼读故事给我听，还尝试着读没有拼音的故事书《玛蒂娜》《法布尔昆虫记》等。我建议她，不用太着急读不带拼音的故事书。可以先从带拼音的故事书入手，顺其自然过渡到不带拼音的故事书。这样既可以在自主阅读的时候享受阅读，也不会有"识字"的压力。

三、达到自主阅读

女儿幼儿园生活刚结束，我们一家搬到了丹麦哥本哈根。这既是一件好事，同时也是一件让人忧心的事。说它是好事，是因为孩子可以开阔视野，在学习语言的最佳年龄置身于英语环境；说它是让人忧心的事，是因为女儿会脱离中文环境，中文阅读正在关键点上，处理不好就会让她失去对中文的兴趣。如何让女儿掌握双语对我提出了很大的挑战。

我们到丹麦的时候，女儿差一个月满 6 岁，女儿的中文阅读程度是可以自己阅读带拼音的故事书，拼读算得上比较流利，但是还达不到"即见即拼"的程度。英文阅读零基础，英文字母不认识、不会读。

在丹麦期间，先生每次回国，我都要提前在网上选好中文故事书。那段时间，通过行李箱搬到丹麦的拼音故事书有：《笑猫日记》《淘气包马小跳》《成语故事大全》《一千零一夜童话故事》《唐诗选读》《十万个为什么》等。她每天读半个小时的中文故事书，因为她已经会拼读，所以中文的阅读方式是：她读，我听。

等她达到了"即见即拼"的程度，我就鼓励她默读，这样她的阅读速度就会快很多，也便于她自己沉浸在故事当中。偶尔我会让她读给我听，给我讲讲她的感受，一起说说书中的人物。我通过这种方式可以判断她的阅读程度。

一年后，女儿 7 岁时，中文完全可以自主阅读。并且已经可以阅读不带拼音的故事书，于是我就给她买了汤素兰的"笨狼"系列图书，这是女儿读的第一套不带拼音的故事书。我们一起读了这套书的第一本，后面的几本都由她自己独立阅读，在丹麦的第一个暑假里，她很快就读完了整套书。

至此，女儿的中文可以说达到了自主阅读的程度。

在丹麦，女儿就读于英国国际学校。鉴于她的英文零基础，细心的 Crawford 老师安排她与来自美国的小女孩 Maria 和来自英国的小女孩 Faria 坐在一起。老师说："这个年龄的孩子，坐在一起的小朋友课间喜欢一起玩儿。小孩子之间通过课间游戏更能锻炼口语，学习得更快。"上课时，女儿的语言老师 Bush 会坐在她的旁边，一旦发现她没有明白，就及时给予帮助。每周老师会派发一份生词表（spelling list），女儿分到的生词表是 5 个单词，其他同学会分别得到 10 个或 15 个单词的生词表，这取决于老师对孩子能力的评估。阅读方面，班上阅读程度高的孩子已经开始阅读章节故事书，女儿第一个月带回家的英文阅读书是无字绘本，是老师帮她挑选的。

女儿所在的学校，学生没有课本，老师每天都会给孩子们读故事，课程表上的 circle time 就是故事时间，孩子们会围坐在教室的地毯上听老师讲故事，大概是因为学生围成一圈坐在地毯上的缘故得名 circle time。同时，学校要求学生每天在家阅读，在家阅读的书分为两种：识字书（reading book）和图书馆藏书（library book）。通常要求精读识字书，父母陪孩子一起读。识字书的书分为 10 个级别，每本书贴有不同的颜色标签用于区分每本书所在的级别。老师会定期测试每个孩子的识字书阅读水平，让孩子明白应该选读哪个级别的识字书。

每个孩子都很清楚自己的阅读级别，每周一次从识字书专区（reading book area）的书架上取自己级别的识字书带回家阅读。每周一次图书馆课，孩子们可以在图书馆课上借阅自己喜欢的图书馆藏书，一周后的图书馆课上还书、再借书。

6 岁，刚好是英国小学二年级的年龄，相当于国内小学一年级。由于年龄的缘故，女儿直接入读二年级。二年级上学期，英语以学习发音规律、练习字母连写为主。每周派发的生词表（spelling list）上的单词与老师讲解的发音规律同步。比如，老师讲解的是"th"的发音，那么生词表给出的就全是含有"th"的单词，每周派发的单词要求孩子会读、会默写，并且鼓励孩子利用给出的单词造 1~2 个句子，每周会在课堂上进行单词拼写测试。同时，老师通过拍手让孩子们找出一个单词包含几个音节，找出单词的重音位置等一些英语的发音规则。这种相辅相成的学习方法，使女儿很快就学会了拼读，每天读识字书也明显不那么吃力了。

半年后，她的识字书级别已经达到了班上的平均水平。每天，陪她读书时，我就把装订在一起的生词表放在旁边，随时提醒她，比如单词属于哪组生词表上的发音，当遇到不符合发音规律的单词时，用金山词霸软件读给她听。不管是单词还是句子，我都没有尝试过翻译成中文。她习惯一边读，一边看插图，没有要求过我用中文解释故事内容。一年后，她能读"魔法树屋"（magic tree house）系列的章节书，但是还是需要我陪在旁边，她读、我听，我帮忙查查单词发音。女儿 7 岁多时，我们一家在美国加利福尼亚州（简称"加州"）生活了半年时间，女儿就读当地的公立学校。

加州的社区公共图书馆资源特别丰富，丹麦的公共图书馆资源也很丰富，但是里面的藏书以丹麦语为主。在美国，由于可以与女儿一起到公共图书馆借书，所以我就可以在女儿选书时给予不少帮助。

社区公共图书馆的儿童区，相关话题的书放在一起，很方便选书。女儿选读的第一个话题是太阳系。有关太阳系的书很多，有关于太阳系综述类的书，有的浅显易懂，可以让初接触者很容易就对太阳系有个大概的整体认识；有的深刻全面，就像太阳系的百科全书。这里也有关于太阳系里各个星球的书，也分为浅显易懂的和深刻全面的，可以满足不同阅读水平的读者需求。同时还有不少相关话题的书籍，如有关其他星系的书、有关黑洞的书。每个话题的书基本上都是按照由浅入深、有总有分、话题相关的模式摆放在书架上，极大地满足了孩子们的求知欲。女儿很快就由浅入深地读了有关太阳系的书、有关海洋的书、有关岩石的书、有关森林的书等。

美国小学放学早、作业少，女儿有很多读书时间，那段时间她的阅读水平得到了很大的提高。等我们从美国返回丹麦时，她的识字书阅读水平已经进入了班上的最高（top）级别。我记得女儿告诉我，有一次，老师在课堂上讲有关太阳系的话题，女儿几乎知道所有的答案，老师很吃惊，忍不住地问她："你爸爸是科学家或者教授吗？"

至此，女儿的英文达到了自主阅读的程度。

四、爱上阅读

女儿 8 岁半时，我们家从丹麦哥本哈根搬到了中国香港。此时，她的中文、英文都可以自主阅读，并且阅读水平高出国际学校同龄孩子。

在中国香港入学后，老师评估她的阅读水平，先是按照同龄孩子的平均水平对她进行测试，然后提高级别测试，一共对她测试了 3 次，之后老师对她说："好了，以后你可以借阅图书馆的所有书。"

在中国香港，她在小学期间连续两年代表学校参加"Battle of the books"读书比赛。

女儿一直以来对阅读的兴趣都是有增无减。由于就读国际学校，平时读英文书更多一些。有一次，先生问我："你了解她读的那些书吗？"老实说，我现在也只能了解个大概了，原因是我早已经达不到她的阅读速度了，她现在的阅读速度、阅读量我只能望尘莫及了。几年前还跟我一起看无字绘本的那个小姑娘，现如今已经成长为一个享受阅读、知识面很宽的小女孩了。

不过，她也没有因为身处英文环境而影响中文的学习。

女儿是在来到中国香港，进入英国国际学校的小学四年级之后，才接触中文的课堂学习的。我第一次见到小学中文老师是在一次家长会上，见到老师后，我还没有开口，老师就说："我要向你请教学习中文的方法。我知道你女儿这几年在国外，没有接触过正规的中文学习，但是她现在是我最好的学生。我也跟别的老师一起讨论过，这孩子如果是吃老本早该吃完了，我很好奇她的中文是怎么学习的？"面对这么突然的问题，我唯一能想到的就是"阅读"，确实，这些年她除了读书，我们没有特殊的中文学习方法。

中学第一次家长会，中文老师一见到我就说："她是我们班上最好的学生。我猜你们家应该特别重视中文吧，她的英文是不是不像中文这么好？一般孩子都会这样。"我很诚实地告诉老师："我觉得她的英文好过中文，特别是在写的方面。并且，英文老师也建议她阅读九至十一年级推荐书单上的书。"中文老师很吃惊地看着我说："那我有时间一定得向你请教！"

至此，通过我的坚持不懈和女儿的勤奋努力，女儿已经爱上了阅读。

接下来，我想根据自己的经验，提醒家长在培养孩子阅读习惯的过程中需要注意的一些事情。

五、培养阅读习惯需要注意的事情

首先，家长要明白："学会读书"和"培养阅读习惯"是两码事。学会读书并不难，认字就可以做到；培养阅读习惯不容易，需要长期地、日复一日地坚持读书才有可能实现。

其次，培养阅读习惯，需要做到：

每天保证读书时间和提供读书环境。

孩子有适合自己阅读的书，如书的难易程度、书的内容等。

孩子能够自主阅读之后，家长要鼓励孩子自己读书，一方面便于孩子集中注意力，另一方面便于孩子思考。

家长要经常通过观察孩子的读书状态、听孩子讲解故事等方法判断孩子的理解程度。比如，观察孩子能否走进书中的世界，如果理解了书的内容，就能进入书中的世界。一旦进入书中，孩子就会有随着自己喜欢的角色共悲喜、对书中的不同角色有同理心、对书中发生的事情有触动等表现。通过聆听孩子讲解故事、评价书中人物来判断孩子的理解程度，即使是家长没有读过的书，也会凭着经验判断出孩子的讲解和评价是否合理。依据判断结果，家长可以提醒或帮助孩子选书。

如果孩子读的是科学类读物，家长可以通过孩子能否发现书中事物之间的联系、能否理清一件事情的前因后果、能否将不同图书的相关知识融会贯通等方法，判断孩子的阅读能力和思考能力。

据我观察，家长在孩子阅读的过程中经常会犯如下错误：

试图只花几天、一两个月或一两年的时间，就让孩子爱上阅读，并拥有较强的阅读能力。

强迫孩子按照家长道听途说来的书单读书。事实上，孩子只有读适合自己的书才能提高阅读能力。

觉得把书买回家就尽到了责任。按照别人家孩子的书单，买一大堆书回来，要么强迫孩子阅读，要么不管不问。

家长不读书，却一味地要求孩子读书。

孩子读书，家长玩手机、刷朋友圈。

孩子不爱看书，家长不去找原因、想办法，而是给孩子贴标签，如"不是读书的料"等。

总之，培养孩子的阅读习惯，家长要清楚：孩子能够自主阅读之后，还需要很长一段时间的坚持读书，才可能爱上阅读；并且从能够自主阅读到爱上阅读的这个过程更需要家长的鼓励、智慧与耐心，需要孩子的坚持与克服困难的毅力。

阅读的好处

我的体会之一：会阅读的孩子也是特别会学习的孩子。阅读对学习的作用不可估量。

阅读可以提高学习效率。特别是进入中学以后，各个科目都突出了对写的要求，很多孩子因为写不出来，既影响了作业的质量，还花费掉了很多时间。中学的第一次家长会上，各科老师都跟我提到了：女儿的作业质量很高。看到周围很多孩子做作业到晚上十一二点钟才睡觉，先生有一次问我："我怎么没有见到女儿花很多时间做作业呢？她是不是作业不多呀？"得知女儿不但作业没有比别人少，还经常会拿到额外的作业时（通常老师会给能力高的孩子更有挑战性的额外作业），先生很高兴地说："看来她已经进入了学习的良性循环。"

阅读能力影响研究能力。这个不难理解，阅读能力强、阅读速度快，获得有用信息的能力就强，自然而然地研究能力就强。女儿小学六年级的时候，有一个 8 周的研究项目，虽说是 3 个人一组，每次老师总能从小组的研究结果中发现女儿的研究亮点。

阅读能力决定理解力。通常阅读能力强的孩子，数理化也都不会差，毕竟这些科目的学习是以理解为前提的。女儿进入中学后，经常在课堂上被老师挑出来，让她给同学们分享她的思路。

阅读对学习的好处还有很多很多，我就不再一一列举了。

我的体会之二：孩子可以通过阅读实现自我品格教育。

平时，我会引导女儿读一些品格教育方面的书，也买了不少人物传记方面的书给她读。通过阅读这些图书，她明白了"美"与"丑"、"善"与"恶"，分得清哪些言行受欢迎、哪些言行很浅薄，哪些品格受人尊敬、哪些品格会遭人唾弃；并且通过读书获得这些知识比家长的说教对孩子的影响更深远。

我的体会之三：阅读可以增强孩子的同理心。

走进书中的世界，认识书中每位有血有肉的角色，都需要有同理心。否则，就无法理解每个角色的所作所为。

我跟先生一起参加女儿的小学毕业典礼，校长语重心长地嘱咐即将离校的毕业生今后该怎么做事情的时候，我看到舞台上的女儿一直在抹眼泪，而大部分孩子左顾右盼、无动于衷。因为她明白了校长的话，理解了校长的殷殷期盼，她被校长的叮嘱深深地感动了。

日常生活中，我们与女儿之间也很容易沟通，因为她能理解我们的用心。

我的体会之四：阅读可以提高孩子的自学能力。

一旦养成阅读习惯，孩子就会把读书当作享受，而不是任务；爱阅读的孩子通常自学能力都很强，获取的知识也很容易触类旁通。

女儿学习英皇八级乐理采用的学习方式是：女儿先自学，然后再跟老师一起讨论。老师之前指导过女儿学习英皇五级乐理，这次想改变一下学习方式，老师提出了"以自学为主"的建议。通过英皇八级乐理的学习，老师发现：女儿会自己认真地阅读书中的文字，思考每部分内容，理解里面的逻辑，等等。老师对我说："我本来是抱着试试的态度，没想到她的自学能力这么强，看来阅读很重要，我一定要培养我家孩子的阅读习惯，会阅读真是太好了。"

我的体会之五：阅读的好处只有在孩子爱上了阅读，并且进行了大量阅读后才能显现出来，这个过程比较漫长，很容易使人中途放弃。

大部分家长在孩子入学以后比较关注孩子的成绩，而阅读对孩子的成绩不会有立竿见影的效果，阅读的好处需要等很久，于是很多家长就开始怀疑，开始失去等待的耐心，这也是很多孩子没有养成阅读习惯的直接原因。

当家长最终意识到阅读才是决定孩子学习成绩的关键因素时，通常孩子已经开始疲于应对扑面而来的各种作业了，由于孩子没有大量的知识积累，学习显得越来越力不从心。

　　所以，我分享自己的经验体会是想让更多的家长明白：不要因为追求眼前的成绩，而让孩子失去了阅读习惯的培养机会。有句话说得很到位：不阅读的孩子，都是潜在的差生，也都是自我管理能力很弱的孩子。

　　总之，阅读是主动获取知识的主要途径，孩子爱上阅读将会终身受益，孩子会从书中找到正能量，驱动自己不断茁壮成长。

第 5 章

会思考，让孩子终身受益

🔑 如何引导孩子思考

思考，就是利用已有的知识，进行新、旧知识的联系与对比，使新知识融入或扩充到已有的知识体系之中。

会思考的孩子才会有创造力，才会有自我驱动的学习能力。孩子是否拥有思考能力，家长是关键。所以，父母应多花心思，借助一些生活中的琐事以及一些游戏，帮助孩子把大脑活跃起来。

在引导孩子思考时，我的做法是：结合日常生活提出问题，让女儿用自己已有的知识进行思考；鼓励她，并耐心地等待她想出解决问题的办法；对她的努力给予肯定，使她享受思考或理解事物的过程。

女儿大概是在 1 岁半左右学会数数的。我那时就有意识地结合她会数数的本领，在日常生活中引导她思考问题。比如，我给女儿洗澡的时候，会跟她一起玩小黄鸭的游戏。我先把 3 只小黄鸭放入澡盆，然后让她数数澡盆里面有几只小黄鸭？接下来，我再放入 2 只，再问女儿澡盆里有几只小黄鸭？我通常一边做，一边用描述性的语言说给她听。听到我的问题，她就会一边找澡盆里的小黄鸭，一边数数，然后报数字。如果数错了，我就会鼓励她再数数看。数对了，我就会继续问：是变多了还是变少了？知道变多了。我就让她告诉我，为什么是变多了？这样的过程既锻炼了她的思考能力、逻辑能力，增加了生活常识，也锻炼了她的语言表达能力。

讨论气温也是不错的话题，如昨天气温是 18℃，今天气温 12℃，是应该多穿衣服还是少穿衣服呢？答出"多穿衣服"以后，继续问：为什么？答出"天冷了"之后，再进一步告诉她有关"升温"和"降温"的新知识。过几天，再跟她聊有关气温的话题时，"升温"和"降温"就已经是她的常识了。

生活中的方方面面都可以用这样的方式跟孩子聊天，让孩子在循序渐进中增加知识，不是吗？对于孩子，家长只要用心提出问题，鼓励孩子找到解决办法，慢慢地就能培养出孩子爱思考的习惯。

⚿ 会思考，才会学习

所谓会学习，就是会发现问题、思考问题、解决问题。会思考的孩子求知欲、好奇心都特别强，这些是学习好的前提条件，所以说，会思考的孩子在学习上有优势。

我先和家长们分享一下我女儿在幼儿阶段学习上的表现。在北京，幼儿园会根据小学入学要求分配孩子们在幼儿园阶段的学习任务。女儿幼儿园期间的学习要求是：掌握 20 以内的加减法、汉语拼音。

幼儿园中班时，关于算术，我不清楚老师是怎么教的，女儿是怎么学的。我平时工作忙，也不知道幼儿园阶段会有学习任务，所以几乎没有跟老师见过面。女儿平时也没有把有关算术的东西带回家。

只记得在大班的时候，女儿会带算术题回家，并且从女儿那里我知道了"凑 10 法"。在我的鼓励下，她把"凑 10 法"跟我讲得条理很清楚，还通过算术题演示了"分解小数字凑 10 法"和"分解大数字凑 10 法"两种情况。

既然是"凑 10 法"，前提必须得明白哪些数字能凑成 10 吧，于是我问："你怎么知道谁跟谁能凑成 10 呢？"结果女儿像唱儿歌似的给出了答案：1 和 9，2 和 8，3 和 7，4 和 6，5 和 5。我真不知道老师平时是怎么教会孩子们这些抽象知识的。

我想测测女儿是不是"纸上谈兵"？于是，我写出一道算式 3+9=，女儿很快地分别用"分解小数字凑 10 法"和"分解大数字凑 10 法"两种方法非常清晰地给出了答案。

我鼓励她把自己的做题想法讲给我听，在我的偶尔提示下，她也做到了。等她讲完之后，我表扬她：思路清晰，"凑 10 法"运用准确，特别是还能完整地表达自己的解题思路，学得真不错！

不过，我想考察一下女儿对"凑 10 法"的运用灵活度怎么样。

于是，又写出一道算式 13+9=，她先拿着题看了一会儿，然后，把13 写成 10+3，题目就变成了 10+3+9=，她又结合上面那道题目写出了结果。我鼓励她讲出解题思路，然后赶紧问她："在幼儿园，老师有没有教过 10 以上、20 以下数字的加法计算？"她答："没有啊，是我自己想出来的。"

善于思考，让女儿在学习乐理方面也表现得非常出色。在这里我要分享一下女儿学习乐理的经历。

女儿用了不到 3 个月的时间学完了英皇五级乐理，并且取得了优异的成绩（distinction）。

女儿的乐理老师在上完第 3 次课的时候，高兴地对我说："你女儿很不一样，与我教过的学生都不一样。她不但能消化、吸收我的讲课内容，还能融会贯通。"

我笑着答："大概是因为就读国际学校的缘故，思维方式不太一样。"

"不是的，不是的，我也有很多国际学校的学生，但是她就很不同。对啦，应该是她特别会思考。"老师一边回答我，一边自言自语。

后来，根据女儿的弹琴程度，黄老师又建议女儿学习英皇八级乐理。跟女儿的乐理老师已经有一年多没有联系了，不过乐理老师对女儿的印象很深，欣然答应辅导女儿，并且提出"女儿自学，老师答疑"的八级乐理学习方式，与我的思路吻合，女儿进入中学以后需要重点培养自学能力。事实再次证明老师的判断很正确：女儿会思考，会自学，采用老师提议的学习方式，学习效果很好。

女儿是来到香港后才开始学习游泳的。善于思考，也让她在学习游泳时表现突出。

第一堂游泳课时，看着跟她一组的孩子都是幼儿园的小朋友，我作为家长都觉得不自在。于是，赶紧找到游泳班的老板娘，打算跟她交流一下，希望她能根据情况随时把女儿调换到年龄差不多的小组。

"张太，你好！我是那个组个子最高的那个女孩的妈妈。"我一边主动自我介绍，一边指向正在跟着教练做热身运动的女儿。

"你好！有什么事情吗？"她问。

"噢，是这样的，你看，在那个组，我女儿无论年龄还是身高都与同组的小朋友们差距很大。她毕竟年龄大一点，应该学习能力更强一些，希望你能根据她的游泳进度情况把她调到与她年龄差不多的小组，好吗？"我问。

"每个家长都觉得自己孩子学习能力强，实际情况怎么样，还得我们自己看。"她似乎遇到过很多次这样的问题，显得很不耐烦。

老实说，第一堂课，女儿很开心，毕竟她是第一次上游泳课。而我，却因为老板娘的不解人意，内心有些闷闷不乐。

第三堂课，我正在家长等待区看书。

老板娘走过来，非常热情地跟我打招呼："你好！你女儿之前真的没有学过游泳吗？"

"没有啊，有什么不对吗？"我不解地问。

"你看，她已经不需要任何辅助工具，自己会游了。你有没有测试过她的 IQ？"她一边说，一边指向游泳池中的女儿。

我也很吃惊。"估计还是因为她年龄大一些了，接受能力和领悟能力都不同的缘故吧。"我望着水中的女儿兴奋地回答。

"不是的，我们接触太多孩子了，你女儿的学习能力特别强。你该去给她测测 IQ。"老板娘一边说，一边又去忙自己的事情。

我很高兴，女儿不但可以自学新知识，还可以融会贯通。所谓会学习，会思考，不就是指能获得新知识，能把新知识与已有的知识联系起来灵活运用吗？也只有这样，才会进步，才会成长。

不过，孩子的成长过程从来都不是一帆风顺的，当孩子遇到挫折、困难时，家长更需要拿出足够的耐心，让孩子自己通过思考、通过努力找到解决问题的办法。

在美国读书时，女儿通过思考，让自己走出了芭蕾学习的困境。

我们一家在美国生活期间，女儿选择了学跳芭蕾。之所以选择学跳芭蕾，估计是觉得自己出国前学过芭蕾。

女儿 5 岁的时候，跟小伙伴们一起上过由中国舞蹈学院开办的幼儿芭蕾课。由于天气一冷，她经常跳完芭蕾就会感冒，所以学了大概半年，芭蕾课就停了。

到美国的时候，女儿已经 7 岁半，已经有 2 年时间没有跳芭蕾和其他的舞蹈了。我们也是在报名的时候才知道，芭蕾根据年龄分班。这就意味着在她要进入的班级里，她与同学比起来少了 2 年的芭蕾学习经历。Heba，这位芭蕾老师是个埃及人，身材娇小玲珑。我赶紧向老师说明女儿的芭蕾学习情况，希望她能把女儿安排到较低的班级。没有想到，Heba 老师拒绝了，理由是：第一，年龄、身高不合适；第二，理解力不同，学习没有挑战。她还是需要和同龄的孩子待在一起。我跟女儿商量以后，她打算试试。

Heba 老师很严厉，一学期下来，我已经完全不相信 "在西方教育体系下，孩子只是玩，什么也不用学，很轻松" 等说法了。

女儿第一次课结束后，对我说在课堂上大部分时间她都不知道老师在说什么，她只好模仿同学们做动作，并且老师也没有特殊照顾她。

第二次课结束后，女儿直接跑出教室，一头扑在我身上，等我费了好大劲儿说服她面对我时，才发现她哭了。

我没有说话，我们直接上车。开车回家需要 10 分钟，路上，我对她说："我知道你很难过，不过，我想让你自己把原因说出来，不要让我去猜。"她委屈地告诉我："因为她听不明白 Heba 老师的指令，所以老师在课堂上吼她了。"我听完之后，沉默了一路。到家后，我提议两个人一起在院子里走一走。

我问她："接下来，是打算放弃不学了？还是有什么好的解决办法？"

她说："老师太严厉。"

我问："是不是因为老师吼你，你就觉得老师严厉了？"她点头。

"那有没有你自己的什么原因，所以老师才吼你呢？"

她答道："我没有按照她的指令做。她讲课说英语，说到芭蕾术语是法语。"

我问："如果是第一次或第二次听到老师的指令，你没有做到，老师吼你，那就是老师的不对；如果是老师重复两次以上的指令，你没有做到，那么你应该反思是不是自己专注力不够？"

女儿答道："是两次以上的指令。"

我问："接下来，你什么打算？"

女儿答道："我想再试试。"

知道了她的态度之后，我对她说："学习是一个过程，只有在学习新知识的时候会联系已有的知识，才能取得进步。比如，老师重复 2 次以上的指令就该是你已有的知识了，上节课所学的知识在这节课上也应该是你已有的知识了，如果没有变成你的已有知识，这节课学起来就会吃力。报名的时候，我已经把你的情况跟 Heba 老师沟通过了，如果是有经验的老师，她一定会考虑学生的实际情况，不会无缘无故地吼学生。并且，你比别人少学了 2 年，所以你必须付出更多的努力才能跟上进度。打个比方，单就老师的指令来说，对其他同学而言是轻车熟路；对你而言，很陌生，需要听着老师的指令，对照同学的动作才能明白。所以在熟悉指令之前，你一节课下来肯定比别人要辛苦得多，刚开始也会很吃力。那么，有没有什么好的办法，尽快度过这个阶段呢？"

女儿默默地听完，然后对我说："妈妈，我能够想起来老师课堂上说的话，还有，有些动作我在北京的时候也学过。我想，在家的时候，自己多想想吧，应该没事的。"

女儿运用的就是通过"复现"课堂情景让知识之间发生联系的方法。即使有些地方错了，下节课总还有机会校正。因为她思考过知识与知识之间的联系，当发现这种联系是错误的时候，会很快找到正确的联系。这样就会把学到的新东西一点点融入自己的知识体系中，与只是牢记老师传授的知识是完全不同的。

接下来，她很快就适应了，并且经常对我说："我在跳芭蕾的时候能很快地与背景音乐合拍。"我给她分析：这是她在学习跳芭蕾的过程中，开始运用自己已有的音乐知识，开始在芭蕾知识与音乐知识之间建立联系。她听我这么说，特别兴奋。

学期末的时候，Heba 老师面对全班同学，对每个学生的一学期学习做了总结。她说，全班学生只有女儿达到了她的预期，她拥抱了女儿，算是对她努力的肯定。

当得知我们即将离开美国，Heba 老师对女儿的恋恋不舍令我动容，她叮嘱女儿如果再次回到美国，一定再去她的舞蹈学校学习。

女儿在美国期间的芭蕾学习经历是一次宝贵的、难得的体验。这个经历让女儿明白：会学习，会思考，不应该只表现在某一单科上，因为这是一种能力，应该表现在方方面面。

☯ 家长的耐心可以成就孩子的思考

思考需要时间，如果家长觉得孩子的思考过程是浪费时间，那么就会破坏孩子的思考。

在孩子思考、寻求答案的过程中，家长不要急于帮忙，也不要因为其他事情催促孩子，或者变相地使孩子放弃思考。如此反复，孩子就无法安心思考，就会出现"学得快、忘得快"的现象。这种现象从本质上来讲，就是孩子没有学会怎么学习、怎么思考，只是利用短暂记忆蒙混过关而已。我的耐心成就了女儿在模型制作方面的思考。

女儿在小学 6 年级的时候，有一次她想通过做一个伦敦水晶宫的模型来完成手工作业。她选择周六下午 3 点开始做，一直做到晚上 10 点左右，周日早上接着做，整个模型做完花费了 10 个多小时。做完后，尺寸、模样都与她自己的想象大相径庭。在女儿做这个模型期间，我出门散步，遇到邻居还打趣说："女儿在做作业，我出来散散心，这样就可以眼不见心不烦，否则，担心管不住自己去帮忙。"完工后，看着模型，我真的很难违心地说好看。她自己对模型也极不满意，对我说："妈妈，我打算再做一个，我已经有经验了，这次会很快。"我没说什么，只是给这个她用了 10 个多小时做出来的模型照了相，算作留个纪念吧。第二次做水晶宫，她用了 1 个多小时就完工了，很精致，很漂亮。

那次作业，她前前后后一共用了 12 个小时左右。不过，最终，她学会了预估整个模型尺寸，灵巧地使用剪刀、胶带，设计不同部分之间的衔接。

如果那次作业我提供帮助，彼此都会感到轻松，她可以不用思考、一次成功，我也可以有更多的时间安排周末。不过，再有手工模型的作业，她估计还是没有思路，第一个想到的还是妈妈与她一起完成。

我把她做的两个水晶宫模型摆放在一起，女儿的评价是：两个水晶宫看起来有天壤之别。看着自己的作品，她那种发自内心的成就感满满的。我想，假如我帮助她，做出来的模型不管有多漂亮，她也不会有这种成就感的体验。

女儿对我说，做模型的经历使她认识到：原来"想"与"做"的距离很远，"有经验"与"没经验"的距离也很远。

是啊，做第一个模型的时候，她没有有关模型的知识；做第二个模型的时候，她已经从做第一个模型的过程中学到了知识。如果我帮她做，她肯定不会考虑预估尺寸、使用剪刀、胶带、对接这些问题，那么做模型需要具备的技能就无法变成她的知识和经验。

后来，女儿对做手工模型很有信心，每次都能做得又快又好。试想如果我当初失去了的耐心，恐怕她不会对手工模型有兴趣。

所以，当孩子思考的时候，家长不要轻易地干扰孩子的思考过程，应该鼓励孩子，尽量给孩子提供安静的思考空间。

面对问题，错误的思考结果也好过没有思考

家长要鼓励孩子思考，哪怕思考的结果是错的，也好过从来没有思考。我曾经看到过这样一句话：宁愿选择正确的错误，也不要选择错误的正确。我的理解是，"正确的错误"是指结果出错了，但很清楚错在哪里；"错误的正确"是指结果正确了，但是不知道为什么正确了。

在家里，每当女儿遇到问题时，我都会鼓励她："尽管想，错了没有关系，要先有一个自己的解决办法。"

在女儿通过思考得出没有解决问题的办法之后，我会引导她讲解自己的思路，然后，说出对哪个环节还不确信？说明为什么？通过这种方式，她在梳理思路的时候能够把问题聚焦。如果这时候我能够稍加提醒，女儿的问题通常都会迎刃而解。

这样的做法效果很好。首先，她会觉得问题不像她原来设想的那么难，她只是其中的某个环节没有搞懂。其次，因为她认真地思

考过，并且梳理过自己的思路，所以解决问题的同时还会给她带来成就感和满足感。

在学校遇到问题时，她也是自己先思考，想不出解决问题的办法后，再去问老师；听老师讲解的时候，她会对比自己的思路，找出自己思考的解决办法与老师给出的办法有什么不同；然后，要么自己想明白了，要么再向老师提出自己的疑问。她的这种学习方法给老师留下了深刻的印象。在家长会上，老师都会提到女儿是"喜欢问问题"的学生。

在美国，大概在她入学一个月的时候，有一天放学后，我去学校接她，与班级老师Lovelady交流。当我问及女儿的学习情况时，老师对我说："她真的很棒，她如果有不明白的地方就会提出来，我能知道她是怎么想的，什么地方需要我的帮助。而班上很多孩子什么都不问，我真的没有办法知道他们到底懂到什么程度。她能把自己的问题提出来真的很好。"

⚷ 会思考，才会读写

会思考在读写方面也会得到体现。读的过程是把读到的知识编入自己的知识体系，写的过程就是把自己的知识表达出来。

在美国期间，女儿特别着迷有关"太阳系"的书，真的是一本接一本，读得乐此不疲。

先生曾经问："你觉得她读懂了吗？"

我的感觉是：她读懂了。因为我经常见到她从不同的书里面寻找相同的主题自己进行对比。后来证明我的判断是对的。

在美国的那个学期，老师对写的要求是：每个学生选自己最感兴趣的话题完成一本书。先写草稿，然后是编辑、排版、插图、打印、装订，对了，还有作者介绍呢，这些工作都在课堂上做，家长看不到，也帮不上忙。学期末，孩子们可以把装订好的书带回家。

女儿写书时选择了太阳系这个主题，她把自己掌握的有关"太阳系"的知识按照自己喜欢的方式写了出来，凭借自己的理解和知识结构完成了那本书。书中囊括了大量有关太阳系的信息，翻读她的书，我也收获了不少有关太阳系的知识。

平时，我也经常会见到她把有些书时不时拿出来重读。

我问："这本书不是之前读过了吗？"

她答："是的，但是这次读又有不同的收获。"

女儿是爱思考的孩子，不仅能说出作者的写作风格，还会模仿作者的写作风格。

不少家长苦恼：孩子写不出东西来。实际上很容易定位原因，就是孩子读书太少！如果孩子不读书，就不用再找其他的原因了。读书是汲取知识，写是整理自己的知识。没有知识的储备，写不出东西是很自然的结果。如果孩子读书，那么需要再进一步定位孩子会不会读书？不会读书的孩子，读书时心不在焉、囫囵吞枣，知其然而不知所以然，就算书读完了，也不会有什么收获。所以说，不会读书或者说没有思考的读书，跟没有读书几乎是一样的；对会读书的孩子而言，读一本书就是进行一次心灵洗礼，可以走进书的世界。通过读书，可以进行自我教育、改掉自己的不良习惯、找到自己的榜样、获得新知识、增加智慧等，所有这些都需要在读书的时候会思考。

🔑 会思考，才会有自己的见解

会思考的孩子会通过思考提出自己认为合理的见解，不会"人云亦云"。

女儿进入中学后有一门"个人与社会"的课程。有一次课堂上，老师播放了一段视频，大致内容是这样的：有位女士驾车在路上行驶，结果发洪水了，车被洪水冲到河里；路上的洪水瞬间没有了，后面路过的车，看到河中正在下沉的那辆车，赶紧打电话报警；紧接着又有几辆经过的车停下来，车里面的人纷纷走出来，开始对落入河中的那个车主进行施救；河水很深，光线很暗，女车主最终被救出来了；警察赶到后，又把车打捞上来。施救者说："当时水里面很黑暗，什么都不见，我感觉有人在抓我的胳膊……"然而，被打捞上来的车却是车门、车窗紧闭。

放完这段视频之后，老师问："这是不是一个奇迹？"

同学们议论纷纷："这真的是奇迹！因为女人明明在车里，车门车窗又没有打开，不可能出来呀？怎么被救的？只能说是奇迹。"

女儿这时举手，经老师许可，表达了自己的看法：视频上没有看到车的顶部，有可能顶部有天窗，女人打开天窗，从车内爬了出来，然后得救。

听了女儿的见解，老师又问大家："现在你们还觉不觉得这是个奇迹？"

这堂课，估计老师应该跟我的想法差不多：女儿是个爱思考的孩子。

🔑 会思考，才会问问题

通常学习不好的孩子很少问问题。原因就是，不会思考，就不会学习；不会学习，就不会问问题。

如果孩子在学习上遇到什么问题，请老师帮助是最直接的办法。

孩子把自己的问题反映给老师，老师很容易就能找出孩子的薄弱环节，老师针对孩子的问题"对症下药"，省时、高效。

孩子为什么不问问题呢？通常是因为不爱思考的孩子，不会梳理问题，没有思路，更没有问题定位，不知道该从何问起。

你看，会思考的孩子多占便宜，通过问问题，不但给老师留下好印象（如爱动脑筋、勤奋努力等），而且学习效率高，成绩好，得到认可，又增加自信心，提高学习热情等，周而复始，一切都是良性循环。而不会思考的孩子，学习只会越来越吃力。

总之，如果家长总是想让孩子直接把事情做好，并且总是不惜所有给予帮助，那么点点滴滴中牺牲掉的就是孩子学会如何思考的机会，牺牲掉的就是孩子自我学习的能力。说到底还是那句话：孩子会不会思考，家长是关键！孩子有没有自驱力，思考是关键！

第6章
让孩子爱上体育运动

　　女儿在香港就读的国际学校，体育运动五花八门，小学低年级的时候，她的体育课更像是做游戏，通常是老师在课上先解释规则，然后再开始玩。后来，体育课的内容有体操、游泳、棒球、冰球、足球、英式篮球、羽毛球、拍球、跑步等，很丰富。现在，上中学了，每隔一天就会有一堂体育课。每周女儿除了参加学校课程表上的体育课，还参加了学校在中午或放学后组织的游泳、英式篮球等运动项目。运动不仅能够培养孩子的自驱力，还能够给孩子带来许多好处，让孩子爱上运动吧！

⚷ 运动会让孩子的身体、心理更健康

人在运动时会产生多巴胺、血清素和去甲肾上腺素这三种神经传导物质。

大脑中有多巴胺，人就会快乐。我们大脑中的快乐中心"伏隔核"里面都是多巴胺的受体。人在运动后通常都会心情愉快、精神亢奋。

血清素跟我们的情绪和记忆有直接的关系。很多抗忧郁症的药就是阻挡大脑中血清素的回收，以使大脑中的血清素保持较高的水平。

去甲肾上腺素跟注意力有直接的关系，在面对紧急情况需要做出决策时去甲肾上腺素分泌得最多。去甲肾上腺素可以使孩子的专注力增强。

同时，运动的时候，大脑会产生 BDNF（脑源性营养神经因子），它是大脑的营养素。比如，在培养皿里面放一个神经元，撒一点 BDNF 上去，就会长出很多新的神经连接。更重要的是 BDNF 可以启动基因，制造更多的 BDNF 血清素或蛋白质。经常运动的人海马体会比没有运动的人大 15%，表示神经细胞比较多。

读到这里，家长们是不是已经决定鼓励孩子多参加体育运动了？接下来我还要分享体育运动的教育意义。从教育的角度来说，体育运动的本质是人格的教育。体育运动的要素是团队合作，是顽强拼搏，是坚持不懈，是崇尚荣誉，所有这些都是一个人的社会化指标。因为体育运动的核心就是人格塑造，所以英国著名的伊顿公

学有一个宗旨——运动第一，学习第二。

⚷ 团队合作

很多运动项目，如接力赛、足球、篮球等，都是只有全队配合才能获得胜利的团体项目。

孩子能在运动中慢慢体会到合作的重要性。家长在观看孩子的团队运动项目时，也需要注意自己的言行举止。

首先，家长要为团队中的每个孩子加油，为每个孩子取得的成绩欢呼，使孩子意识到，要取得最终的胜利，需要团队中每个人的努力和友好合作。

其次，家长要表扬及肯定孩子对团队做出的成绩和贡献。同时，赞扬为团队做出贡献的其他成员，借此培养孩子的团队意识。

最后，家长要真诚地祝贺全队取得的成绩，培养孩子的集体荣誉感。与孩子一起分享胜利或失败的感受，如果面对的结果是胜利，则皆大欢喜；如果面对的结果是失败，则找出失败的原因，不抱怨，不推卸责任，争取下次取得好成绩。这不仅是一个很好的教育机会，而且这种身临其境的教育也是最有成效的教育。

体育运动能让孩子体会到正确的团队合作理念。团队合作不是要求团队成员牺牲自我，而是要求团队中每个人做出贡献保证共同完成任务目标，只有有了合作意愿和共同认可的合作方式才能使团队成员产生真正的内心动力。

女儿在平时的学习中经常会有合作性项目。有一次她告诉我，英语老师在课堂上要求自由组合，两个人一组完成"生活在垃圾场里的孩子"的海报。她去找好朋友 J，结果 J 想与 N 一组，同时 K 想与女儿一组，女儿就选择与 K 一起做这个项目。之前，我经常听她提起与 J 一起做项目，这次 J 拒绝了她，我以为她们之间发生了矛盾。于是，我赶紧问："J 没有选择与你一起做项目，你会难受吗？"

"不会呀。这个项目老师要求两个人一起完成，不管与谁合作，自己都要努力啊。"

"团队成员的能力会不会影响老师对你的评价呢？"

"不会。我们会在项目中列出每个人的任务，这样，老师就会很清楚每个人对项目的贡献。"

"J 这次为什么没有选择与你一组呢？"

"我们以前经常一组啊，这次 J 想与 N 一组，体验一下不同的合作伙伴也很正常啊。"

"J 和你不是好朋友吗？"

"是啊。但是团队合作是为了完成项目，与是不是朋友没有关系呀。"

听女儿如此解释，我不得不承认她对团队合作的理解和运用是合理的。

在合作项目中，有些孩子被孤立、不被团队接受也是司空见惯的事情。在团队合作中不受欢迎的孩子通常都是没有领悟团队合作精神、不懂得如何合作的孩子，他们总是把不受欢迎的原因归于大家不喜欢他或某位同学故意排挤他等，这种观点不仅把团队合作与人际关系混为一谈，而且这样的孩子会给团队中的每个成员带来压力，会在团队合作中产生很多内耗和不必要的苦恼。

对今天的孩子而言，团队合作是一项必备的生存能力。所以，家长可以通过体育运动来正确引导孩子的团队合作意识，培养孩子的团队合作能力。

顽强拼搏

只要在赛场上展现出顽强拼搏、永不言弃的精神品质，无论比赛结果如何都值得点赞。离开了拼搏较量，就没有了体育的"竞"。为什么里约奥运会的中国女排场场都那么激动人心？是因为她们"明知不会赢，也要拼命打"的韧劲，是因为她们的永不放弃、勇敢拼搏展现出了催人奋进的精神，这就是体育的力量。

女儿在小学最后一次运动会的女生 400 米赛跑中得了第一名。那天，她一进家门就开始跟我讲比赛场上的事情。比赛刚开始，有几个女孩跑在她的前面，她一个一个地超过了，最后怎么也超越不了 S。

我见过 S，个头比女儿高一截，腿很长，仅从身体条件上看，女儿在跑步上超越 S 不容易。

结果，离终点大概还有 50 米的时候，S 突然停下来，开始走了。女儿一直坚持着跑到终点，得了第一名。女儿说："后面 50 米跑下来感觉比前面 350 米跑着都难，我听到老师和同学们的加油声，一步步往前跑。不过，我觉得 S 如果不停下来，她应该是第一名。"

我借机给女儿讲了讲"行百里者半九十"的道理。也就是说，对行走一百里路的人而言，走过九十里才算走一半，而不是走过五十里算一半，因为最后的十里才是最考验的阶段，在这个阶段才最需要拼搏和坚持不懈。

有一次，我们与一位登上过珠穆朗玛峰的朋友一起聚餐，女儿问叔叔："当你快到峰顶、感觉坚持不下去的时候，是什么让你坚持继续往上爬的？"朋友特别惊讶，10 岁的孩子怎么能问出这样的问题？他原先以为女儿会问"冷不冷""累不累"之类的问题。当朋友告诉她，是要把背上背的旗子插在峰顶的责任和信念支持他不能放弃时，女儿点点头说："我明白这种感觉。"看着像小大人似的女儿，我觉得她已经领悟了顽强拼搏、坚持不懈需要信念的支撑才能做到的道理。

对孩子而言，可以通过书本上的故事来理解什么是顽强拼搏，什么是坚持不懈，但是哪能跟自己在运动比赛中的感受相提并论呢？并且一旦孩子具备了这种能力，在学习中也会潜移默化地运用。所以，家长不能再盲目地认为体育运动只会带给孩子"四肢发达，头脑简单"。

崇尚荣誉

没有荣誉感的人是没有希望的人，没有荣誉感的团队是没有希望的团队。体育运动能让孩子崇尚荣誉。

女儿就读的学校每年有一次全校游泳比赛，是不同的"朝代"（Dynasty，学校在新生入学前就已经把学生分到六个不同"朝代"——唐、宋、元、明、清、汉，这样，中学阶段每个年级的学生分别归属于六个不同的"朝代"，并且从入学到毕业，每个学生所在的"朝代"都不会发生变化，这种做法跟哈利·波特魔法学校里面的不同 house 比较相似）之间进行比赛。比赛结束后，公布比赛结果的时刻是最让孩子们期待、紧张的时刻。

公布比赛成绩时，先公布第六名（学校一共有 6 个“朝代”），等公布第三名的时候，依然没有女儿所在的“明朝”，她们觉得她们的“明朝”可能是第二名，焦急地等待着。听到第二名是“清朝”时，她们一下子跳起来，激动地抱在一起。辅导员没有明白怎么回事？问道：“刚才公布的不是咱们“朝代”，你们激动什么呢？”孩子们抢着答道：“就是因为不是咱们“朝代”第二，我们才这么激动。因为咱们第一！”这种感觉只有亲临现场者才能感受。那一刻，团队荣誉感至高无上。这种荣誉感会给团队带来更大的凝聚力，会为团队赢得下一次的胜利提供更大的动力。

培养自信

运动可以培养孩子的自信。任何运动都要求孩子感知、控制自己的身体，而感知和控制的过程恰恰是孩子认识自我的一个过程。在这个过程中，孩子会获得自我认同和自尊。同时，在取得进步或获得成功时，孩子会获得很大的满足感，从而慢慢培养出孩子的自信。

“旁观者清”，家长作为旁观者很容易发现孩子动作做不到位的原因所在，家长可以帮助孩子体会规范的动作或掌握运动的技巧。孩子只有掌握了运动要领、动作规范，才会取得进步，获得成就感，进而培养出自信。

家长需要帮助孩子找到适合孩子并能获得愉悦的运动。每个孩子都有不同的特长，在运动上表现得更明显，如有的孩子喜欢游泳，而有的孩子对游泳特别不擅长。孩子只有找到适合自己的运动，才有可能坚持，体会到乐趣，取得成绩，增强自信心。

女儿刚学习打羽毛球时，有一次，教练教孩子们发球姿势和规则。无论教练怎么教，只要教练一发出命令，孩子 A 的动作就做不出来，发球也不知道规则。在球场的观察区，A 的父母与我和先生坐在一起。先生看到后，跟 A 的爸爸说："你可以让教练给孩子讲讲发球规则，这才是最关键的。"先生的话还没有说完，A 的妈妈却说："不用，不用，我们主要是练着玩呢，只要高兴就行，不要影响了孩子的自信心。"我和先生很不理解她的想法，这种忽视规则的教育方法真的能带给孩子自信吗？

女儿学习游泳时，每周一次课，第一个月的课与课之间，我会抽空陪她在游泳池体会教练传授的动作要领及技巧。我把动作描述或示范给她，她结合游泳课上教练传授的动作规范，自己在需要改进的地方反复练习、体会，很快她就在游泳班上脱颖而出。

女儿学习游泳两个月左右，就进入了较高级别的游泳班。我由衷地为女儿高兴，游泳不仅让她的身体会更健康，也给她带来了自信。对于孩子的运动，家长的引导非常重要，家长要帮助孩子通过运动获得自信。

培养规则意识

任何运动都有规则，取得成绩需要一些固定的模式和技巧，如游泳起跳，选择的角度不同，跳出去的距离就不同。所以，在运动过程中需要孩子不断地体会和改进自己的动作，直至领悟规则。

学习一项技能，往往是"三分教，七分练"，孩子通过练习才能慢慢地体悟到规则的含义。家长要鼓励孩子多练习、体会运动规则，让孩子相信熟能生巧的道理。

家长陪伴孩子掌握运动规则，怎么样才算真正地陪伴呢？

在孩子的练习过程中，家长要真正地在乎、帮助孩子。比如，当孩子总是对某个动作做不到位时，如果家长不仅鼓励孩子在做的过程中用心体会，还耐心地与孩子一起寻找做不到位的原因，那么孩子一定能感知到家长的用心。家长只有在孩子进步时给予肯定，气馁时给予鼓励，孩子才会坚持练习，克服困难，直至掌握规则。

很多家长只是把自己当作孩子的"监工"，要求孩子不停地练习，对孩子练习时遇到的问题、需要的帮助都熟视无睹，如在孩子练习期间玩手机、打电话、聊天等，只要孩子一停下来，就用"偷懒""没有恒心"等词语评价孩子。这种做法只会让孩子很抗拒自己正在做的事情，不但提高不了成绩，还会增加孩子学习的心理阻力，同时破坏亲子关系，这样的陪伴是"百害无一利"。

⊙╼ 培养受教心态

运动可以培养孩子的受教心态。如果孩子想提高，就需要观察和模仿，接纳教练的批评和建议。只有当孩子注意到了细节，才能完善自己、发挥潜能。

家长需要树立孩子正确的受教态度。切忌由于孩子受到教练批评，就失去理智，在孩子面前责难教练或在孩子面前说教练的坏话。

我帮孩子选教练有两个原则："用人不疑，疑人不用"和"下棋找高手"。如此一来，教练与孩子之间就是"教"与"受教"的关系，我也少了很多没必要的担心与烦恼。当孩子受到教练批评时，我会告诉孩子，是因为教练像父母一样希望她快点进步才这么做的，进而让女儿理解教练的用心，抛掉抵抗心理，拥有一颗受教的心。同时，家长对教练的态度，会直接影响孩子的受教心态。如果家长不尊重教练，孩子不可能会有受教的心态。

🔑 懂得尊重

体育运动会让人懂得尊重对手、尊重比赛规则、尊重裁判结果。任何体育赛事都会有胜负，特别是在失败的时候，要学会尊重、接受失败，服从裁判做出的公平裁决，这是人生中的高级修养。在运动中，无论是合作者还是竞争者，友善的态度、谦逊的品质都可以帮助孩子建立和维系友谊，帮助孩子更好地享受运动的乐趣。

如今的孩子都是家里的宝贝，不少孩子在父母的宠溺下形成了自我的个性，不懂得尊重别人，到哪里都是趾高气扬，一副高高在上的样子，这种个性对孩子的成长特别不利。

哪怕是在竞争过程中发现孩子无理的举止和行为，家长都需要及时教育，给孩子一个明确的、肯定的态度，让孩子了解到这样做是不对的，只有当孩子意识到了自己的不对，才会改正自己的错误。家长不可以持模棱两可的态度，这样的话，孩子就不会有明确的是非观，说不定就会一直错下去。

"身教"是最好的教育，在尊重的环境里成长的孩子潜移默化地就能学会尊重他人。当孩子出现不尊重他人的现象时，家长先要反思自己的言行举止。

只有懂得尊重的孩子才会有更多的学习机会和收获友谊的机会，同时，尊重他人的孩子往往也是很有自尊心的孩子，自尊心会使孩子注意修正自己的言行，从而进一步赢得别人的尊重，如此一来，孩子就会进入一种自制的良性循环。

总之，体育运动，除了能让孩子拥有一个强壮的身体之外，还会让孩子有一个良好的心理素质，这些都是孩子未来在社会成功立足的必需品。

孩子的运动该从什么时候开始呢

运动，越早开始越好。

最近，总是会遇到幼儿园建议家长去给孩子看心理医生的情况，看着无助的家长，我很想帮助他们，所以，就在这里分享一下运动对幼儿的影响。

如今的孩子，由于各种原因，总是被过度看护、过早学习知识，限制了孩子的正常活动，影响了孩子的正常发育。最近几年，幼儿园里的问题孩子越来越多，市面上感统训练馆也越来越流行。看着这些孩子，我很揪心！因为我知道，幼儿的很多问题是由家长的焦虑和不合理的教养方式造成的。我很想告诉这些家长，相信孩子！让孩子玩儿吧，只有动起来一切才会好起来！

女儿小的时候，我的主要精力用于：让她通过运动玩儿得开心。

女儿刚学会走路，我就购买了儿童游乐场的年票，隔三岔五地带她到儿童游乐场蹦床、爬绳梯、开小汽车等。女儿上幼儿园之前，已经对小区游乐场、健身区域的各种设备玩得"炉火纯青"。到了女儿四五岁的时候，她不仅成了北京海淀区酷酷兔拓展公园的常客，而且每周都会去世纪金源商场地下一层玩攀岩、蹦极等项目。总之，出国前，家附近，能玩儿的差不多都玩儿遍了。

同时，我还在家里置备了呼啦圈、跳绳、毽子、海洋球、西瓜球等，每天晚上，我们一起运动，变着花样玩儿。比如，把呼啦圈平放在地上，单脚跳进跳出，单脚、双脚交替跳进跳出，2 次单脚、1 次双脚跳进跳出，计数比赛；还有跳绳，我到现在都能清晰地记起女儿 3 岁左右学跳绳的模样，在小区游乐场，先跳过去一个，然后是两个……慢慢地掌握了规律，每跳过去一次她是那么开心；另外，女儿 4 岁左右时候的拍球水平，我们全家人都无法超越，原因是只要她不想停下来，就不会结束。有各种各样的玩法，只要愿意，相同的器材、不同的规则就可以玩儿得乐此不疲。

所以，你看，只要家长用心，是不是玩的花样可以有千千万万种？并且在玩儿的过程中，与孩子一起商量游戏规则、比赛规则，对孩子沟通能力、理解能力，以及亲子关系的培养就那么自然而然地发生着，还有比这个更好的方式吗？我一直都认为在孩子的成长过程中最宝贵的是家长与孩子的相处时间，我一直不赞成把这么宝贵的时间拱手送给培训机构。

通过运动的玩儿给女儿带来了很好的运动协调、平衡能力。

女儿大概 5 岁左右，学骑两轮自行车（通常儿童自行车会有辅助轮以防摔倒），爷爷扶着自行车后座保护她，大概骑了 1000 米就学会了独立骑车。我还记得，女儿学会骑自行车以后，小区里出现了不少家长陪着孩子练习骑车的身影。

知识性的学习不是开始得越早越好。

女儿 5 岁开始在一家北京特别流行的英语培训机构进行每周一次的英语学习，并且很快就在班上脱颖而出。有一次，在等候区我与一位妈妈聊天，她的儿子与我的女儿同班，当得知我的女儿之前没有学过英语，她非常吃惊地说："你女儿真替你省钱啊，我儿子 3 岁开始在 ABC（北京的另外一家英语培训机构）学习英语，5 岁来到这里学习，怎么说也已经学过两年英语了，现在每次上课还没有你女儿的表现好呢。"

于是我们两个人开始交流育儿经验，当得知我女儿大部分空闲时间用来运动时，她更是觉得特别不理解。她告诉我，为了让儿子学好英语，创造"浸泡式英语环境"，她在车上配备了 DVD 播放器，就为了在行车过程中给儿子播放原版动画片。

我分享了我的观点，我一直坚持：运动也是学习，并且是全方位的学习。我热心地建议她多了解了解运动的好处，让孩子早运动早受益。

小童运动课程能满足孩子的运动需求吗？

来到香港以后，我们一家经常会在周末选择打羽毛球。运动场馆有 6 个羽毛球场地，通常在周末只有 5 个场地开放用于打羽毛球。3 号羽毛球场地总是会变成 1.5 ~ 2 岁左右的小朋友的运动课程训练场。

小童运动课程，女儿小的时候还没有，看来现在的家长都比较重视孩子的运动了，毕竟有需求才会有市场。

不过，观察了一段时间之后，我发现小童运动课每节课都差不多，课堂上，孩子们按照教练的指令，排成队，跑跑、跳跳，也没什么花样，家长们在旁边心不在焉地玩着手机，等着下课。

于是，我就情不自禁地开始算"时间账"，算来算去都觉得不划算，来回路上的时间和上课前等待的时间加起来估计比上课的时间都要长，多浪费时间啊，为什么家长不自己陪着孩子玩这些呢？所谓小童运动课程，不就是教练带着孩子玩些简单的运动项目吗？如果家长肯为孩子花点心思，一定能玩出比课上多得多的花样，是家长不自信还是太迷信课程？我没有答案。

如果家长算清楚了时间账，家长陪着孩子玩这些运动不是随时随地都可以发生吗？如果家长自己不想投入精力，仅靠每周 1~2 次的运动课程，对正需要这些运动的孩子来说，怎么说都是"杯水车薪"啊。这样的养育方式，怎么会不出问题呢？这么简单的因果关系，为什么家长不去思考呢？发展孩子各项能力的万能钥匙就在父母的手中，而为人父母却到处寻找秘籍宝典，这到底是怎么了？是当下快节奏带来的速成心理吗？虽然我对小童运动课有很多迷思，但是我似乎找到了"为什么幼儿园中问题孩子越来越多"的答案。

总之，运动的好处，只有家长看到了、懂了、接受了，才会行动起来，只有家长认真地投入了自己的时间和精力，才可能用自己的态度和行动去影响孩子，才有可能使孩子爱上运动。如此说来，当下，爱上运动的孩子都是幸运的孩子，都是学习能力很强的孩子，因为这里面凝聚了家长的爱和陪伴，也饱含了孩子挑战自我的精神。

第 7 章

让孩子学会自学

⊙━ 补习的天下

学习是一个需要孩子自己去体验的过程。代替孩子做事情的最终结果是剥夺了孩子体验学习过程的权利，使孩子丧失了自学能力，也丧失了自驱力。然而现在，似乎成了补习班的天下，我们常常看到的现象是：孩子不是在补习班，就是在去补习班的路上。

令人感到不安的是，不仅学习成绩不好的孩子在补习，学习优秀的孩子也在补习，好像不补习就落伍了。造成这种现象的主要原因是把孩子的学习课程提前了，不少成绩好的孩子在小学三年级左右就学完了小学课程，接下来准备小升初。进入初中之前就学完了初中的全部课程，在初中阶段准备中考，同时学习高中知识。

补习盛行和家长的心理反应有关。在补习盛行的今天，家长们最本能的心理反应就是：如果别人的孩子补习，我的孩子不补习，那么我的孩子就会落下，所以要补习；如果别人的孩子不补习，我的孩子补习，那么我的孩子就会比别人的孩子学得更多、更有优势，所以还是要补习。正是由于家长们的这种心理，造成了"学校减负，校外补习"的教育乱象。

补习需求的旺盛促进了补习班市场的繁荣。我看过一个报道，一位香港"补习天王"的年收入竟然高达 8500 万港币。瑞银证券分析师给出的中国课外辅导市场行业分析报告显示：2019 年中国 K12（指幼儿园到高中教育阶段）课外辅导市场的收入同比增速预测从 17% 上调至 22%，而 2020 年的同比增长率将达到 16%，到 2021 年按收入计的市场规模预计为 1.2 万亿人民币。这些现实都在传递这样的信号：补习市场很疯狂！

老实说，每天接触到的这些有关补习的信息和新闻只会对我产生短暂的冲击，而真正引起我关注、激发我思考，促使我写一写"让孩子学会自学"这个话题的原因是发生在我身边的补习案例。

我身边的补习案例

发生在身边的补习案例，让我清晰地见识了家长们是多么迷信补习，也让我清晰地看到了补习的宽度和广度。

案例一：面试辅导

我家搬到中国香港以后，头等大事就是要为女儿选一所适合她的学校。然而，中国香港的学校种类之多令我眼花缭乱，公立学校、私立学校、直资学校、教会学校、女校、男校及各种国际学校等。就算女儿选择国际学校，那么从中国香港国际、新加坡国际、加拿大国际、法国国际、哈罗公校、汉基、德瑞、英基等遍地开花的国际学校中选择合适的学校也不是一件容易的事情。也不可能每所学校都递交入学申请，因为每所学校都需要几千元的报名费。

我想让女儿快点入学，又不想花费过多的精力去研究学校，于是想到了咨询留学机构获取学校信息。

我打电话给一家留学机构："我想了解一下各所国际学校在香港的排名情况、课程体系、生源、毕业生去向等信息。想预约时间与工作人员面对面交流，我会按时间付费。"

"对不起，我们首先要评估孩子。然后根据评估结果给孩子提供面试课程。"

"为什么？这不是我的需求，我只是想了解学校。"

"因为国际学校需要面试通过才能入读，所以首先需要过面试关，每所国际学校的面试竞争都很激烈。我们会根据孩子的素质，结合学校的面试流程，对孩子进行面试辅导。"

"那……面试辅导的费用是多少？"

"2万元~4万元。"

"有孩子选择面试辅导吗？"

"很多呀，每个孩子都需要。我们有幼儿园、小学、中学的入学面试辅导课程。有很多孩子经过我们机构辅导后进入了名校。"

"好的，请问我能不能预约工作人员面对面交流一下有关国际学校的信息？"

"对不起，我们没有这样的服务。"

放下电话的时候，我还是对"很多孩子要进行面试辅导"的说法很怀疑。不过，随着对香港的熟悉和了解，我确认了留学机构的工作人员说的是事实。

再后来，听到"某某学校传出，面试的孩子们给出一样的答案"的说法，我一点都不惊讶了。家长希望孩子进入名校，机构助力家长包装孩子，增加进入名校的机会，有需求就有市场，一切看起来都很合理。但是，当面试时，针对相同问题，不同的孩子给出了完全相同的标准答案，这种现象合理吗？

案例二：进辅导班选名师辅导读书

P 是一位早教老师，很乐意分享有关孩子教育的心得与体会。

有一次，我们一起喝茶聊天，她与我分享了培养孩子的经验。她的孩子从小学三年级开始，进入补习班选名师辅导读书。首先让名师列出书单，家长买书；然后辅导班老师与孩子开始一周一次、一对一读书。每次课结束后，老师给出读书的范围（从第几页到第几页）和写读书笔记的要点，孩子需要在家读完老师给出的读书范围里的内容并且按照老师给出的要点完成读书笔记。为了使钱花得值，孩子上小学的时候，每次上辅导班，孩子爸爸都会在门外尽力地、认真地听课，这样，孩子爸爸就可以在家里指导孩子温习在辅导班学过的内容。

并且，这位妈妈很好心地提醒我，家里要多订几份报纸。她的孩子从小学五年级开始读报。每天父母读完报纸以后，把有用的新闻剪下来，孩子放学后只需要读剪下来的内容，这样可以不浪费时间。

我听完以后，脑海中浮现出一幅画面：一个孩子沿着父母画的一条线行走，因为父母花了很大的代价画下这条线，所以孩子不敢怠慢、不敢分心，一旦偏离这条线就是浪费金钱、浪费时间。一想到这些，我就特别心酸难过，一是为父母 "望子成龙、望女成凤" 的急切心情，二是为孩子失去自由体验学习和探索过程的人生经历。

有一次，在海滨长廊散步，我尝试沿着一条地砖缝线行走。结果，走得很辛苦，总是小心翼翼，还总是会走偏，一直把精力都花费在努力保持自己在那条线上，而身边的人却大步流星地把我甩得越来越远。

如果把学习过程想象成在海滨长廊的行走，那么我只会告诉孩子大概在什么时间到达什么位置，即使孩子在行走过程中没有直奔目标，但她知道目的地在哪里。心里有个时间节点，如果绕道了，知道跑步追上就行。在这个行走过程中，她可能会看看花儿、看看鸟、看看海、看看船，玩玩路边的器械，跑一跑，停一停，但她一定会比那个走一条线的孩子收获多、见识广，并且走得轻松、走得更远，因为她除了欣赏眼前的风景，还想看远方的风景。

和内地一样，补习已经成为香港中小学生放学后的必备"节目"，并形成了庞大的产业链，补习的范围之广及补习的年龄跨度之大一次又一次刷新我的认知。使我越来越觉得这是一个很大、很严肃的问题。

不止一位妈妈对我说："没见过像你这么轻松的妈妈，孩子的事什么也不用操心。女儿不但优秀，还什么也不补习，自律性又好，你真是好命啊。你看周围的妈妈们哪个不是为了孩子忙活得不可开交？真应该给大家分享一下你的'秘籍'。"

我哪里有什么"秘籍"。实际上，女儿能够在补习班满天飞的当下另辟蹊径，主要是与我的教育理念有关。我的观点是：让孩子学会自学比上什么辅导班都强。对孩子来说，最重要的是喜欢学习、会学习。孩子需要在学习中体验由"拙"到"巧"的过程，这个过程不但会带给孩子成就感，还是孩子不断探索、喜欢学习的源泉。补习班是应试教育的必然结果，补习老师会把解题技巧、对付考试的套路"传授"给孩子，这种走"捷径"的方式主要是帮助孩子提高分数。

接下来，我会分享如何让孩子学会自学。

🔑 家长如何引导孩子自学

孩子会不会自学，首先与家长有没有引导孩子自学有很大的关系。

如今，很多孩子不会自学，是因为从小家长就不注重引导孩子自学，不给孩子自己尝试、摸索的机会。很多孩子从小就是在"教"的环境中长大的，做任何事情都离不开"教练"。这一点都不奇怪，因为现在很多活动场所都有教练，家长往往会被教练的游说打动，主动地把孩子交给教练学本事。

有一次，我跟朋友一起带孩子去蹦床公园玩。我们刚入场，就有教练主动上来推销："你们可以把小朋友交给我，我可以教小朋友玩花式蹦床，教小朋友攀岩。"朋友心动了，问我的想法时，教练又赶紧补充："你们不用额外付费，门票里面已经包含了。"我没有商量余地地拒绝了。教练走开后，朋友问："你是担心安全问题吗？我觉得有摄像头不会有事的。"我回答道："不是。我只是不想让别人教孩子怎么玩儿。"

事后我想，身处那样环境中的家长很难拒绝商家的"诱惑"：一方面，把孩子交给教练，家长可以图个清静；另一方面，教练还能教给孩子"本领"。说来说去，都是好事啊。并且更让家长难以拒绝的原因是：门票里面已经包含了教练费用，不要教练，就意味着"吃亏"了。但是，接受了教练，在无形中就会破坏孩子自学习惯的培养，因为这种破坏不是显性的，并且不会导致"立竿见影"的不良后果，所以往往很难会被家长注意。现在，有教练的场所无处不在，真是令人担忧啊。当然，一些风险极高的游乐项目除外，这些项目是必须有教练指导的。

⚟ 自学能力要从小培养

我的观点是，孩子的自学能力要从小培养。培养孩子的自学能力，需要从多方面入手，我根据自己的经验梳理出四个方面。

1. 培养阅读习惯

没有阅读习惯、不会阅读的孩子，就是潜在的"差生"。阅读能力直接影响理解力，所以培养阅读习惯是培养自学能力的基础，是孩子具备自学能力的关键所在。

很常见的一种情况是，到了小学高年级，有些孩子开始对数学应用题感到吃力，这类孩子通常都是不喜欢阅读的孩子。小学高年级的数学应用题开始体现出对理解力的要求，理解的前提是读懂。由于不喜欢阅读，所以读不懂题目，不理解题目的含义，对数学应用题无从下手也是自然而然的结果。

在小学高年级阶段，孩子有没有自学能力会导致在学习上出现很明显的分化现象，喜欢阅读的孩子在学习上的优势会越来越明显。

女儿就读的学校，小学阶段有"探究"课程，"探究"课程的范围很广，涉及天文、地理、社会等很多主题。

在低年级阶段，"探究"课程的学习方式是老师在课堂上讲解有关主题。因为孩子们关于某个主题的知识主要来自课堂，所以孩子们在"探究"科目上的表现差别不大，并且造成差别的主要原因是在课堂上有没有认真听讲。

在小学 6 年级的第二学期，每个学生必须完成一个为期 8 周的研究项目，我在前面的章节提到过。首先，老师把班上的学生分组，每个小组讨论选出感兴趣的主题。8 周期间，学校组织整个年级的学生学习研究方法，如如何通过可靠的网站、书籍、报刊等收集资料；信息需要注明出处；必须使用自己的语言，不能拷贝，等等。学校安排有关主题的专业人士到访，学生查看学校通知，在到访时间，与相关主题的专业人士交流。交流之前设计好问题，交流之后需要在"研究日志"上做好记录等。学校组织学生进行相关主题的实地考察。整个 8 周的项目研究，都是以学生为主导、老师和学校支持的方式进行的。

到了这个阶段，孩子会不会自学，老师、学校一目了然，这个 8 周的项目简直就是检验"孩子会不会自学"的试验场。喜欢阅读的孩子在这个阶段一定会脱颖而出，这是必然的结果。首先，收集资料需要阅读，阅读能力强的孩子，阅读速度快，获得信息量大，捕捉有用信息的能力强；其次，好读者，好作者。阅读能力强的孩子，理解力强，提炼、总结、归纳信息得心应手。而不喜欢阅读的孩子，在这个阶段不能通过老师的"教"获得信息，让自己通过阅读搜集资料简直是折磨啊。

所以说，要从小培养孩子的阅读习惯，阅读的积累会在小学高年级阶段发挥威力，会阅读的孩子会主动获取知识。

2. 培养独立思考的习惯

独立思考的能力是自学能力的必要条件。不会思考就不会学习。

独立思考能力，是指面对问题，孩子会思考出一个自己能够接受的观点、答案，而不是一味地接受现成的答案。

从孩子小时候开始，家长可以通过提问的方式引导培养孩子的独立思考习惯，如：问题是什么？为什么会出现这样的问题？你的解决办法是什么？要求孩子描述出现了什么问题，孩子只有定位了需要解决的问题，明白了问题是什么，才能进一步找到出现问题的原因以及解决问题的办法。如果"问题是什么"孩子都不明白，家长再多的引导和启发都无济于事。

为什么会出现这样的问题？鼓励孩子找到出现问题的原因。你的解决办法是什么？让孩子找到一个自己认为可行的解决办法，即使行不通，家长也不要自己替孩子做，可以引导孩子一步步通过自己的努力找到解决办法。

以上的这个"三提问方法"在我们家经常使用。比如，有一次，女儿在做数学题时对我说："妈妈，你能不能帮帮忙？我不明白这道题该怎么做？"我读完题之后问她："你认为这是什么类型的问题呢？"

"确定多项式的系数。"

"什么多项式的系数？"

"一元二次多项式的系数。"

"好！怎么确定系数呢？"

女儿一脸茫然地摇摇头。

我接着问："或者这么说，如果两个一元二次多项式相等，应该满足什么样的条件呢？"

她沉默了一会儿，然后用不确定的语气回答："对应项的系数相等？"

"好吧，我觉得你已经开始有思路了。去做吧，做出来了给我分享一下。"我说道。

当然，等她把问题解决之后，我会问她："为什么这道题会成为你的问题？"通过这样的方式，让她通过思考把知识活学活用。

如果家长试图让孩子通过观摩家长如何解决问题来学会如何思考，那么日积月累，只会造成这样的后果：家长会发现孩子越来越笨，一遇到问题，孩子的脑子就成了一团乱麻。是的，培养孩子从来就没有捷径，如果家长对孩子的培养没有长远规划，只会得到"欲速则不达"的结果。

我在这里介绍的"三提问方法"可以用在家庭教育的方方面面，只要家长运用得当，就一定能够培养孩子的独立思考习惯。

3. 提高自制力

自制力，是根据需要，掌控情感、行为、注意力和精神状态的能力，是一种自觉的能力。自制力与自学能力密切相关、相辅相成。

如今，很多家长对孩子沉迷网络，没有自制力很无奈，这也是很多家长把孩子送到补习班的原因之一。这种现象的本质原因是孩子在学习中找不到乐趣。学习仅靠课堂上的几十分钟是远远不够的，有学习兴趣的孩子，会主动把课堂上学到的内容往深处钻研，主动学习的前提是具备自学能力。

曾经看到过一个帖子，说什么每个自制力很强的孩子背后都站着"虎爸"或"虎妈"。我不认同这样的观点，对孩子的自制力而言，父母只是外因，孩子自己才是内因。把孩子的自制力归结于外因，是只看到现象、看不到本质的表现，不能从根本上解决问题。

孩子对学习没有自制力，是因为学习没有带给他乐趣和成就感，不具备主动、自学的能力；孩子只要具备自学能力，就会在知识的海洋中找到乐趣和成就感，激发内驱力，不用他人监督，就能表现出很强的自制力。

4. 具备自检能力

自检能力是自学能力中不可或缺的一种能力。自检能力就是自己检查出错误的能力。如果自检能力差，对知识点的掌握就会漏洞百出；自检能力强，才会对知识点把握精确，才能够对知识活学活用。就如盖房子，自检能力强，就意味着根基好，工程质量高，楼房就会盖得高，品质好。

经常会听到一些父母说：孩子这次考试成绩不理想，不是不会做，而是太马虎、太粗心了。刚开始我认为这类父母是为自己的孩子找借口，后来我发现这类父母是没有认识到自检是一种能力。

一位琴童家长对我说："感觉孩子平日弹琴就是应付。每天，家长要求弹 3 遍，孩子就弹 3 遍，家长要求弹 5 遍，孩子就弹 5 遍，1 遍都不会多弹。"

"孩子自己对弹奏的曲子要达到什么要求清楚吗？"我问这位家长。

"应该不清楚。"

"你清楚吗？"

"我也不清楚。每次上课，我听着老师弹得特别好听，孩子一弹就不像支曲子了。"

"所以，你就觉得孩子弹得遍数越多越好，是吗？"

"嗯，我是这样认为的。不是说琴要多练吗？"

"是要多练。但是得带着目的，带着问题去练。首先，孩子需要明白手头的曲子要求的标准是什么；其次，孩子在练琴的时候，要对标，自检差距。只有清楚努力方向才会努力练呀，否则没有目的地一遍遍弹，估计谁都不会有兴趣。"

"你说得很对呀，我从来都没有想过这些事情，那该怎么办呢？"这位家长问道。

"对于你女儿这个年龄阶段的孩子，你可以通过把老师的弹奏录音或者从 youtube 上找视频的方式，帮助她找到曲子要求达到的标准。在孩子弹琴的时候，她可以通过听录音或看视频，自己检查差距，重点练习。这样孩子每天在练琴的时候就可以有目的和方向了。"

学琴的孩子，平时练琴的过程就是自学的过程。如果孩子没有自检能力，很快就会对弹琴失去兴趣，因为没有美妙的音乐，不能发现问题、解决问题，没有成就感，很难产生继续学下去的动力，这也是很多孩子学琴半途而废的主要原因。

🔑 树立志向可以帮助孩子自学

引导孩子立志非常重要，因为志向会产生强大的精神动力，也会为坚持自学提供动力。经常跑步的人会对此观点有深刻的体会。跑步之前，如果你计划跑 5 公里，即使当天的身体状态不佳，也通常能坚持达到目标。如果没有定下跑步的目标，随时都会放弃跑步，毕竟跑步没有走路轻松。

在女儿小的时候，我们就开始潜移默化地引导她立志。并且会时不时，特别是当她在学习上出现懒怠的时候，与她一起探讨达到目标应该做什么样的准备。常有妈妈问我："我们的孩子，家长盯着、请人教着都不肯学，你家孩子是怎么自带'马达'的？"我想大概与我们的家庭教育有很大关系，我们比较注重孩子的自学，并且围绕自学会采取一些启发和引导行动。

女儿刚进入中学的时候，有一天中午，在学校的海报墙前看"全球大学排名前十的学校"介绍。刚好，来自同一所小学的女孩 S 也在看。女儿边看边问："S，你将来想读哪所大学？"

"C 大学，不过我觉得这个目标太远大，根本就无法实现，只能想象了。"S 答道。

"你呢，你将来想读哪所大学？" S 问。

"S 大学。"女儿答道。

"这个目标也够远大的。"S 说。

女儿对我说完这件事，我问："你觉得你的目标远大吗？""我没有这样想过，我觉得只要努力就能够实现。"女儿答道。

只有把"引导孩子立志"作为家庭教育的一项重要内容，家长才会与孩子一起去研究"如何实现志向"这个问题。并且也会结合孩子的志向帮助孩子制定平时的短期目标，使孩子清楚实现目标需要做什么样的准备，付出什么样的努力。通过实现一个个短期目标，使孩子一步步接近自己立下的志向。也只有这样，孩子才不会把志向与短期目标分离，才不会把志向当作遥不可及、无法实现的空想。

志向可以分解为一个个短期目标，短期目标应该是动态的，要根据孩子的能力和潜力及时做出调整，只有主动学习、会学习的孩子才会把一个个短期目标叠加成远大志向。

☞ 自学需要利用好假期时间

现在，很多孩子的假期都被安排了满满的补习课程。"学霸不可怕，就怕学霸放寒暑假。"这一流行语就表明学霸会在假期进行"恶补"，拉开差距的关键就在寒暑假。

女儿的假期我除了安排旅游，会适当地安排她的学习。我认为假期是很好的自学机会，所以我会利用假期引导她自学。小学阶段的假期，学习安排以阅读为主，特别是中文阅读。我会提前买一系列的中文读物，女儿在假期期间自由阅读。

从小学六年级的暑假开始，我在女儿的假期学习中加入了数学的自学。女儿在读的学校，小学阶段没有课本，包括数学也没有课本。

六年级暑假前，我帮女儿挑选了一本小学六年级的数学练习册，告诉她要运用自己在学校学到的知识去解题，没有学过的内容（在中国香港，每所国际学校数学内容的学习顺序、深度和广度都不同）可以告诉我，我会给她讲解（因为是练习册，不是教材）。

练习册前两个单元，女儿做得"乱七八糟"。一方面，不知道解题规范、书写格式，把应该的、不应该的（如竖式、文字解释等）统统写在练习册上，一道题解算下来，一会儿是横式，一会儿是竖式；另一方面，到处都是计算错误，一会儿是加减计算出错，一会儿是乘除计算出错。这个完全出乎我的意料。

我冷静下来分析原因，认为这是学校的数学教学方式造成。没有数学课本是导致孩子不懂解题规范、书写格式的原因；学校在数学教学上重数学思维、轻数学计算基本功是导致计算准确率不高的原因，数学基本功必须要通过多练习得到提升，孩子们的练习少，必然会导致基本功薄弱。后来与中学高年级家长交流，大家觉得我分析得很准确。很多家长很后悔当初太信任学校的数学教学模式，导致孩子由于数学基本功太差，无法选择 IB 的高难度数学。

由于当时手头没有教材，我只能结合练习题给女儿讲解解题规范、书写格式。对于计算准确率不高的问题，我要求她按照步骤一步步解算，方便自检；并且让她尽量多使用笔算，少用心算，减少计算错误，等等。对于解题思路错误的问题，我会指出来，她自己检查，找出错误原因给予改正，偶尔会给我讲讲为什么错，错的时候是怎么想的，现在又是怎么想的，等等。对于有相当难度的题目，即使她做对了，我也会要求她给我讲讲思路，判断一下她理解的程度。

一本练习册做完后，女儿翻看前面几个单元，看着自己随心所欲的书写自己都笑了。这本练习册是女儿的第一次自学记录。我给女儿的评价是：自学能力很强，经过练习，自检能力得到了很大的提高。

接下来，女儿进入中学，由于中学与小学有很大的不同，女儿需要适应，所以我没有在中学的第一年给她准备数学教材让她自学。从中学开始经常有考试，女儿的考试成绩（法语、科学、数学等有考试的科目）经常是年级第一的分数或满分，这个结果我没有感到奇怪，因为她自学能力强，并且在六年级暑假的自学过程中自检能力也得到了提高，所以得到好成绩是自然而然的结果。

从八年级开始，我鼓励女儿利用周末自学八年级的新加坡国际学校的数学教材。女儿按照单元先学习教材，然后再做单元习题，对照标准答案批改，对做错的习题，结合教材和例题找出原因。很快，A4 版面、400 多页的教材，女儿用了 3 个多月就学完了。

至此，我的观点是：女儿具备数学超前学习的能力。接下来我会鼓励她继续按照教材学习，不会受所在年级的限制，就如中学第一次家长会上，英语老师说女儿应该阅读九至十一年级书单上的书一样。

总之，"让孩子学会自学"是我们家家庭教育的核心。小学阶段重在习惯的培养，如阅读习惯、思考习惯等。有了好习惯，才能谈及能力；先有习惯，后收获自学能力也是自然的结果。然而，因为习惯的培养不是一朝一夕的事情，并且前期很难会在分数上体现出优势。于是，在应试教育、唯分数论的今天，很多家长就会怀疑，就会失去耐性，导致很多孩子没有选择在小时候培养习惯，而是进入了各种各样的辅导班。

随着女儿的成长，我越来越觉得"让孩子学会自学"是"磨刀不误砍柴工"。通过自学，家长们可以有效地培养孩子在学习上的自驱动力，使孩子从学习中找到乐趣。知识更新这么快，如今已经不是"学历代表学问"的时代，而是要求"终身学习"的时代了。只有拥有自学能力的人才会跟上"终身学习"的时代。所以，请家长们对孩子多些耐心、等待，放远眼光，把孩子培养成跟得上时代的人吧！

第三篇
培养孩子的自控力

◇ 电子保姆：让孩子迷失自我

◇ 时间管理：让孩子出类拔萃

◇ 钢琴：送给孩子的终生大礼

第 8 章

电子保姆：让孩子迷失自我

在科技高速发展、网络连接天下的今天，我们已经被电子产品包围，各式各样的手机、电脑、电视等电子产品在我们的日常生活中随处可见。现如今，电子产品使用群体小龄化的趋势越来越明显。令人担忧的是，许多孩子沉迷于智能手机等各种电子设备，没有自控力，仿佛与外部世界隔绝了，活在一个虚幻的世界里而不能自拔。

面对不断更新换代的电子产品和令人目不暇接的网络新事物，家长该如何办？该如何提高孩子对电子产品的免疫力？下面，我分享自己在这方面的观察和思考、经验和教训。

家长需要端正对电子产品的态度

对于小孩子而言，玩电子产品的时间取决于父母的态度。

2016 年 10 月，我和女儿到桂林旅游。观光银子岩大溶洞结束后，乘坐大巴从桂林银子岩返回阳朔，坐在我们邻座的是一对母子，小男孩大概 3 岁左右，全程半个小时，小男孩都在"聚精会神"地玩妈妈手机上的"速度游戏"，妈妈眯着眼睛似睡非睡。

下车后，女儿问我："妈妈，车上那个小男孩全程都在玩电子游戏，你看见没有？"

"看见了。"

女儿又问："他的妈妈为什么不管呢？"

"因为他的妈妈不知道玩电子游戏对孩子不好。"

女儿很惊讶："会吗？"

"当然会的，妈妈都希望儿女好。也许男孩和妈妈所处的环境里大家都觉得'玩电子游戏'是对孩子有益的事情。"

这样的现象比比皆是。

有一次，我与女儿一起买圣诞服装，排队付款时发生的一件事情给我留下了深刻的印象。排在我们前面的是一对外国母子，儿子还不会走路，坐在儿童推车里，我看见小家伙的时候，他嘴巴张开、眉头紧皱，已经准备好了放声大哭，这时候妈妈及时地把手机塞给了他，小家伙一下子就紧盯手机屏，硬是没有出声儿。看得出来，他很熟悉也很喜欢"电子保姆"。

事后，我一直在想，那位年轻的妈妈为什么不抱起孩子、抚慰孩子呢？

孩子哭闹的时候，为人父母是会心烦。但既然已经为人父母，就应该承担起做父母的责任。当孩子哭闹的时候，我们应该首先在引导孩子认识自己情绪的过程中找到哭闹的原因，进而想办法帮助孩子控制自己的情绪，孩子情绪稳定之后，父母帮助孩子找到解决困难和难题的办法。这才是父母引导孩子成长应该做的事情。

把孩子交给"电子保姆"，孩子是不哭了，表面上看问题解决了，但这种养育孩子的方式正确吗？

丢给孩子一个手机或 iPad 让他自己划来划去，父母是轻松了，解脱了，不再被孩子打扰了。但是，没有尽到父母应该担负的责任。养育孩子从来都是分阶段的，每个阶段有不同的任务和重点，如果前期该做的事情没有做好，后期再怎么努力也很难达到预期的效果。

女儿 5 岁半之前，她日常生活中接触到的电子产品是电视和 CD 播放器。那时候，我们偶尔会播放《天线宝宝》《花园宝宝》《英语动动动》给她看，每次不会超过 15 分钟，每天不超过 2 次。

记得在丹麦的时候，有一次全家一起看世界杯足球赛，女儿需要临时离开一下，就对我们说："先暂停一下吧。"当我们跟她解释不能暂停时，她很疑惑："会的，我以前看的时候都会暂停的。"原因是她 7 岁左右的时候还不知道电视节目与播放光碟是两码事，现在每每提起这件事情，全家人都忍不住要笑上一阵儿。

现在，尽管电子产品满天飞，我还是主张：孩子的童年应该把时间用在玩耍、阅读、做互动游戏（不是电子游戏）等事情上，而不是把孩子丢给"电子保姆"陪伴。

⚿ 玩电子产品会极大地干扰孩子阅读习惯的培养

目前，越来越多的家长已经认识到阅读的重要性，但是，对于"玩电子产品会极大地干扰孩子阅读习惯的培养"的认识还没有那么深刻。

为了便于说明，我在这里需要借助"注重长期结果"的原则。

通常，我们做任何事情都会产生直接结果和长期结果，人们对直接结果与长期结果的追求往往是相反的。

比如阅读，直接结果是花费时间，忍耐独处，见效慢，如此一来，很难使人有追求的动力；但长期结果是知识渊博、学习能力出类拔萃、终身受益，这些结果又是特别值得追求的。

又比如电子产品，直接结果是可以立马给人带来愉悦感，所以被许多人执着地追求；长期结果是追求短期回报，削弱学习兴趣，破坏专注力、思考力等，这么说又不值得追求。

"注重长期结果"就是提醒我们在做事情的时候，要多考虑长期结果，通俗地讲就是要有长远眼光。

学会运用"注重长期结果"的原则进行分析问题以后，再让家长在培养孩子阅读习惯和放任孩子玩电子产品之间做出选择的话，我想大部分家长肯定会选择前者。

我为什么会把孩子玩电子产品与培养阅读习惯联系在一起呢？

老实说，关于电子产品对孩子阅读习惯培养的影响，我不是从女儿刚出生就想明白的，而是女儿的成长经历让我对其认识得越来越清晰。

在女儿的学前阶段，智能手机还没有那么普及。女儿 5 岁左右我换了一部苹果智能手机。那时候，我经常一有空就研究苹果手机自带的 App Store 里面的丰富资源，并且从 App Store 下载了不少电子游戏。女儿 5 岁半左右的时候，我已经能把好几款电子游戏玩得"炉火纯青"。并且还觉得电子游戏的好处多多，如"找不同"游戏可以提高观察力，"速度"游戏可以锻炼反应能力等。由于我认为玩电子游戏好处多多，所以我不但让女儿玩电子游戏，还经常跟女儿一起比赛，看谁的得分高？

那时候，我们每天都会坚持共读，有培养女儿阅读习惯的模糊想法，但是没有具体的计划，也不知道拥有阅读习惯该是什么样子？没有想过阅读对学习的影响，更没有认识到阅读与玩电子游戏之间会有什么关系？主要原因是女儿年龄小，我关注她的重心是：平安健康，开开心心。我每天被工作和眼前的事情忙得团团转，根本想不了那么多、那么远。

是在异国他乡的所见所闻给我了反思、学习和成长的机会，让我没有在自己随心所欲的道路上越走越远，没有让女儿错失爱上阅读的良机。所以，我想把这些经历写出来，让更多的妈妈认识到这个问题，让更多的孩子受益。

女儿 7 岁左右，在丹麦，发生在她同学身上的一件事情触动了我的第一次思考。有一次女儿放学后，我没有及时赶到学校接她。女儿的同学 Maya（妈妈是英国人，爸爸是丹麦人）家在学校附近，就邀请女儿先去她家里玩一会儿。等我赶到 Maya 家接到女儿的时候，Maya 对女儿说："对不起，我刚才看书把你忘了。"我听 Maya 这么说很吃惊，由于看书竟然忘记了邀请到家的小伙伴？这才是爱上阅读的境界啊！反观女儿的读书状态，虽然每天都坚持读书，比起 Maya 同学，更像是在完成任务。老实说，我从来没有见过也不知道热爱读书的孩子会沉浸在书的世界里、忘掉周围的一切。这件事情使我认识到，读书和爱上阅读是两码事，女儿虽然每天读书，但是还没有爱上阅读。

女儿 7 岁半到 8 岁期间，我们一家生活在美国加州的硅谷，女儿入读当地一所公立小学。入学后不久，我就收到了 PTA（家长教师联合会）发来的一封邮件，邀请家长参加 PTA 组织的一场研讨会，议题是：家长如何看待电子产品对孩子学习的影响？我是抱着练习英语听力的心态参加的，没想到收获颇丰，直接影响了我后来对女儿的教育思路。

那是我第一次听到家长们分享关于孩子沉迷电子游戏、对学习失去兴趣的案例。在这些家长们看来，电子游戏就是毒品，一旦上瘾，很难戒掉。高年级的家长们还分享了孩子把时间用于玩电子游戏，没有时间读书，由于阅读量不够，解决问题没有思路，学习比较吃力等一系列相关的案例。家长们的无私分享引起我第一次认真思考阅读与玩电子产品之间的联系，活生生的案例让我深深地认识到孩子"爱上阅读"不是一件简单的事情，其中电子产品是最大的"拦路虎"。

与书相比，电子产品对孩子更有吸引力。研究表明，当一个人的某个行为不断地得到反馈时，他就会不断地重复这个行为。因为在玩电子游戏的过程中，孩子的行为会不断地得到反馈，所以，对一个孩子来说，想自己约束玩游戏的时间，几乎是不可能的；还有，电子游戏会带来视觉、听觉上的强烈刺激，习惯了强烈刺激之后，孩子对弱小的刺激就会反应迟钝，直接导致注意力不集中。与电子产品相比，书不会对阅读它的人实施反馈，并且读书需要在安静的环境下聚精会神，需要集中注意力思考，并且只有能够运用自己的知识和经验理解了书上的内容，才能体验到读书的乐趣。

互联网上也有不少关于"网络与电子游戏"这个话题的讨论。我收集了很多关于这个话题的资料，有的家长对此持正面看法，有的家长持负面看法。我的观点是：正确使用网络，要把更多的时间用于阅读。

女儿这代孩子被称为"网络土著"。每次家庭聚会，孩子们基本上就是聚在一起玩电子游戏，并且没有孩子和家长觉得这有什么不对。

为了不影响聚会气氛，同时又不让孩子们由于离开电子产品产生失落感，我主动参与到孩子们中间，一起玩跳棋、拼图、纸牌、互动游戏等。

如今，网络已经成为人们生活不可或缺的一部分，完全杜绝是不现实的。我除了引导女儿正确使用网络之外，开始重点培养她的习惯，如阅读习惯。并且在这个过程中，我深刻的体会是：家长的监督是必要的，但主要还是孩子自己要有自控力。

2014 年暑假结束后女儿升读四年级。女儿在丹麦就读的学校，每个班都设有黄金时间（Golden Time）奖励，就是平时如果学生们表现好了，老师就奖励时间，等时间攒够了 90 分钟，老师就会让学生们看个电影，或者老师带领学生们一起做游戏。

　　刚进入四年级时，老师 Andresen 鼓励大家努力赢得黄金时间，并且告诉孩子们，在黄金时间孩子们可以选择做任何自己想做的事情。第一次黄金时间结束当晚，老师 Andresen 给家长群发了一封道歉邮件，她发现有的孩子把 90 分钟的时间都用于在电脑上玩游戏。由于之前有约定，她没有制止，但是她觉得特别内疚，意识到孩子们还控制不了自己玩电脑游戏的时间。我不知道女儿是如何安排自己的黄金时间的。我让女儿读了读邮件，她读完后，对我说："对不起！妈妈，我知道自己做错了。以后再也不会那样了。"我什么都没有说。但是这件事情让我很沮丧，事实证明，她并没有听进去我平时的教导。

　　我迫切地希望女儿爱上阅读。

　　在美国的那场研讨会之后，我赶紧开始制订、执行女儿的读书计划。每个周末我都会陪女儿在社区公共图书馆选书、读书，并借阅一周要读的书。我们每天晚上坚持读书。在美国期间，女儿读了关于太阳系、海洋、森林等科普类的系列图书，读书的方式是：每晚，按照计划，精读借阅的图书。当遇到不会读的单词时，我帮忙用金山词霸把生词读出来。

　　从美国返回丹麦后，女儿的阅读水平已经达到了班上的高级级别。即便如此，我认为女儿依然没有爱上阅读，并且我不知道问题出在哪里。

　　丹麦的社区公共图书馆以丹麦语的书籍为主，我不能像在美国那样，到图书馆选书、读书。于是，我给老师写邮件，请老师推荐适合女儿的书单。

　　拿到老师推荐的书单以后，我发现全部是适合女儿年龄的故事书。在美国期间，我为女儿选择的基本上都是科普类读物，当时之所以那么选择，是因为我认为科普类的书籍才可以帮助她获得更多的知识。在坚持阅读了老师推荐的图书之后，我找到了女儿在美国期间虽然读了不少书，但是没有爱上阅读的原因：没有选择她感兴趣的书，没有找到乐趣。

我按照老师推荐的书单鼓励、督促她借书，读书。我盼望着她能爱上阅读。终于，女儿 9 岁左右爱上了阅读，达到了书对她的吸引力超过电子产品的境界。

如今往回看，我最深的体会就是：在孩子的成长过程中，家长自身的成长很重要。身为家长，对孩子每个阶段的培养要有明确的培养方向和目标。比如，学前阶段要重视孩子好奇心和学习兴趣的培养；小学阶段需要重视孩子求知欲、学习习惯和学习态度的培养；中学阶段需要重视孩子的能力培养。每个阶段的培养都会对后期有重要的影响，前期该做的事没有做好，越往后麻烦就越大。

香港的"手机世界"

2015 年 1 月，我们家搬到了中国香港。来到这里才发现智能手机地位很高，似乎大家都离不开它。在这里，路上行人低头玩儿手机的满目皆是，据报道，由于走路玩儿手机已经发生过多起事故。在公交车、地铁上，不低于 60% 的乘客都用手机来消磨时间。地铁的电梯口处总有录音不停地播放"请不要低头看手机，请注意脚下"。每次在社区的会所喝茶，总会见到这样的画面：大人们聊天，孩子玩 iPad 或手机，就连不会走路的孩子都能目不转睛地盯着电子产品看节目。香港的学校五花八门，有官立学校、直资学校、私立学校、国际学校等。每天早上 8 点之前、下午 3 点之后是社区主干道最繁忙的时段，穿梭着各种校车。我家楼下就设有校车站，日复一日见到的画面是：早上，在楼下花园等校车的孩子们中间，总有玩手机的孩子被一群孩子围观。下午，在楼下花园等校车接孩子的菲佣，也基本上都是在玩手机。

来到香港之后，看到那么多大人和孩子着迷于手机、iPad 等电子产品，我在内心深处有种担忧。我知道：孩子玩电子产品的现象这么普遍，根本原因在于家长的认识不够。

在香港，社交软件已经盛行得如火如荼。

来到香港两个月以后，我发现自己使用微信的频率高了很多，并且有了很多微信好友，并且大部分都是"陌生好友"，如通过微信群成为微信好友。原来短短两三年时间，智能手机和微信已经普及中国各个年龄阶段的人群，微信朋友圈给每个人提供了充分展现自我的平台。在朋友圈，你能看到衣、食、住、行的各种幸福生活晒图，各种心情表达，各种信息传递等，只有你想不到的，没有你见不到的。使用微信的人似乎不刷朋友圈就会被这个世界遗忘，不少人越刷朋友圈越焦虑、空虚，越焦虑、空虚越刷朋友圈，一切都是怪怪的循环圈。

还有各种名衔的微信群，如家长群、妈妈群、社区群、美食群等，群里聊天热火朝天，分分秒秒就会有几十条，甚至上百条的信息。

经常会见到一起聚餐的人各自对着手机用微信聊天。我也有过一次这样的经历，对方不停地查看手机，对着手机语音聊天，令我如坐针毡，感觉自己是个极不受欢迎的人，怀疑自己的聊天话题对方不感兴趣。虽然事后发现这种现象很普遍，但是一直到现在，我还是不能轻松地、愉快地与这样的手机族一起聊天、聚餐。

香港本地比较流行的社交软件是 WhatsApp，与微信软件相比，少了朋友圈功能。但是各种班级群、好友群特别多，我就曾经被加入过两个群，后来悄悄地退出了，因为发现自己总是会有心无心地去查看一下，并且做事情的时候越来越不容易集中注意力。

国际学校的很多小学高年级学生和中学生也热衷于各种社交软件群聊。有的家长说，每天到家后，同学们在群里你"嗨"一句，他"嗨"一句，一会儿就会有十几条信息，家长们对孩子群聊也是很无奈。孩子的时间被海量的、无用的群聊信息碎片化，根本静不下来心去做与学习有关的事情。

面对"智能手机无处不在"的香港，我很想知道家长们对孩子玩电子产品的看法。因为我的经历使我深信：家长对孩子玩电子产品持支持的态度以及对从小培养孩子阅读习惯认识不足，应该是导致智能手机在孩子中间如此流行的主要原因。

我开始跟周围的家长们聊这个话题。

小学低年级的家长观点是：同学都在玩儿电子游戏，如果自己的孩子不玩儿，担心与同学之间没有共同话题、孩子在学校不容易找到好朋友；同时，认为游戏有益于开发孩子的智力等，大部分家长对此比较乐观。

小学高年级及初中的家长观点是：很苦恼！什么道理都讲了，但孩子就是控制不了自己；就算是把手机收了，很多作业都需要用网络，需要在电脑上完成，从玩的角度来看，智能手机跟电脑的功能差不多。并且，家长也认识到孩子写东西没有思路是因为读书少，希望孩子能每天拿出时间读读书，但是这样的要求无异于"奢求"，因为孩子时时刻刻被手机、同学聊天牵挂着心，根本就不能静下心来读书。孩子做事不专心，做作业时总要打开无关的网页，家长不在就看些好玩儿的，家长一出现马上切换到作业。如果家长盯得紧，那么孩子就要一会儿喝水，一会儿上厕所，真是考验家长的容忍力！孩子对所学知识一知半解，应付作业，把更多的时间花在与学习无关的网络世界里，对家长苦口婆心的劝说根本无动于衷。家长有时会大发雷霆，在这种情况下孩子可能会收敛一个晚上，第二天一切如旧，家长面对"上瘾"的孩子只能自己开导自己了。大部分家长都是很苦恼。

我问苦恼的家长们：你觉得是什么原因导致了孩子现在的状态？他们刚开始通常会归因于大环境。并且，我发现似乎家长们都是第一次被问到这样的问题。同时，面对这样的问题，他们也是第一次认真地思考原因。认真思考之后，家长们给出的答案基本上都是我前面提到的原因。

在网络如此发达、信息如此畅通的当下，不同年龄阶段的家长对孩子玩电子产品的看法却没有"畅通"起来，似乎让人觉得不可思议。不过，我看到的事实就是这样。据我分析，这种现象的原因是：很多家长都是通过孩子交往才认识，同龄孩子的家长们交流比较多；家长们的"从众"心理比较严重；很少有家长能够分辨出网络可能带给孩子的"精华"或"糟粕"。

孩子的成长是一条单行道，很多早期该做的没有去做，如培养阅读习惯、控制使用电子产品的时间等，后期就要承担后果，如学习吃力等。所以，在科技日新月异的今天，家长必须得成长，对待新事物不但自己要有"吸取精华，剔除糟粕"的能力，也要培养孩子的这种能力。

与女儿坦诚沟通不正确使用网络的危害

在香港，女儿就读的是没有课本、利用互联网教学的学校。要说我对女儿能正确使用网络很有信心，那一定不是真心话。我决定跟女儿一起聊聊"如何正确使用网络"。随着年龄增长，她已经开始逐渐形成自己的判断和观点了。在这里，我把针对这个话题所做的功课分享给大家，希望能引起家长的思考。

第一，孩子对电子产品没有自控力，大多是因为在孩子小的时候，家长选择了让电子产品陪伴孩子，孩子缺少关怀造成的。

幼儿对父母特别依赖，非常需要父母的关注。只有在孩子年幼时父母通过用心陪伴与孩子建立亲密的亲子关系，父母才可能在孩子的心目中有分量。有了良好的亲子关系，在孩子后续的学习和成长过程中，孩子才会克制自己的不良行为努力达到父母的期望，父母才有可能对孩子起到引导和教育的作用。

现实生活中，很多家长有时为了摆脱孩子的"纠缠"会选择让孩子玩电子产品，如让孩子用手机、iPad 看动画片、儿童节目等，孩子的注意力很快就会被精彩的节目吸引，不再打扰父母。接下来，喜欢上"电子保姆"的孩子，就会时刻想与电子产品待在一起。如果家长不同意，孩子就会通过哭闹等手段逼迫家长就范。为了孩子不哭闹，为了自己不心烦，很多家长就会一次又一次地向孩子妥协。实际上，正是这些日复一日的行为破坏了父母与孩子之间建立良好亲子关系的机会。

第二，很多家长认为孩子处于网络时代，早点接触也无妨，却没有认识到网络上的"陷阱"更能吸引孩子的眼球。

曾经读过这样一段话："当你玩着王者荣耀，吃着'鸡'，刷着朋友圈，看着抖音的时候，背后有成千上万的人正在费尽心思地让这些产品更具有黏性，他们的目的就是：毁掉你的自律。"如果家长们看到这段话，还会安心地让你的宝贝在小小年纪就开始"闯荡网络世界"吗？

第三，孩子把过多的时间分配给网络世界，就很容易分不清现实世界和虚拟网络世界的差别，孩子只有多跟人打交道、多读书、多交流，才会对现实世界有正确的理解和判断。

孩子在与家人、同伴、老师等的交往过程中，会积累生活经验，学到社会生活所必需的知识、技能、态度、伦理道德规范等，逐步摆脱以自我为中心的倾向，意识到集体和社会的存在，意识到自我在社会中的地位和责任，学会与人平等相处和竞争，养成遵守法律及道德规范的习惯，从而自立于社会，取得社会的认可，成为一个成熟的、社会化的人。

把网络世界的行为处事方式运用于现实世界就会格格不入。对孩子而言，基本上是"先入为主"，生活在"网络世界"的孩子即使在现实生活中受挫，也不能从根本上找到原因，只会让孩子更加逃避现实，躲入"网络世界"寻找安全感。

第四，很多研究已经证明，画面直接进入孩子大脑，孩子的大脑就会失去创造画面的机会，长期下去，会直接影响孩子的抽象思维能力和思考力。

微软在其官网上公布了一份关于注意力的研究报告。报告称，从 2000 年开始，人们的平均注意广度（Attention Span）急剧下降。这份研究包括了对 200 人的调查和对 112 名志愿者的 EEG（脑电图）扫描。报告数据显示，在 2000 年的时候，人们的注意广度时间还有 12 秒，但是到 2013 年时就缩短到了 8 秒。而造成这种现象的原因是智能手机和海量内容的出现。一个一个新的刺激点，让人只专注于眼前的兴奋，而忽略了深入的思考。

而阅读却能让孩子的大脑去创造画面。美国芝加哥大学生物心理学家勒维指出："儿童看书时，必须自己创造出所有情节。儿童一面看，一面要想象出人物的形象、揣摩他们的情绪、模拟他们说话的语调，还要创造出人物周遭的环境，想象环境的感觉"。抽象思维能力和思考力直接影响学习能力。

第五，孩子一旦适应了网络的"便捷"，如及时反馈（网络聊天，输入信息马上会得到回应）、回报周期短（电子游戏让人停不下来的原因就是：只要有投入，马上就会有产出）等，就会对学习失去兴趣，因为学习效果的回报周期不确定，甚至得不到回报。

不少家长是在孩子的学习受到严重影响了才开始反思，通常找出的原因是家长认识不够导致了孩子误入歧途。所以说在科技日新月异的今天，家长更需要拥有独立思考的能力。即使家长拥有博士学位，也不能放弃自我学习、自我成长。

第六，身处网络时代，隔绝网络听起来都很奇葩，正确使用网络才是出路。网络是一把双刃剑，用好了就会受益，用错了就要自食苦果。这跟"打开窗户"的理论一样，打开窗户，可以使室内空气清新，同时也会飞入蚊子、苍蝇等不受欢迎的东西。

以上谈及的这些方面，女儿不但已经能够理解，而且还跟我分享了很多进入中学以后发生在自己身边的案例。

⚷ 让孩子自己对电子产品有自控力

由小学进入中学，学习方式和环境都发生了很大的变化，对孩子的自我管理能力提出了更高的要求，自我管理能力好的孩子，学习的效率就会高。实际上在小学高年级阶段我已经开始培养女儿的自我管理能力。

女儿就读于英国国际学校，中学与小学相比，有以下特色：

- 每人配备一台电脑。除了中文，其他科目都没有课本，学生需要每天带电脑上学，使用网络的时间更多。

- 没有固定的教室，学生需要按照自己课程表上的科目换教室，每门科目有固定的教室。

- 有些科目开始根据程度分班，如中文、科学、数学。

- 开始有选修科目，如可以选修法语或西班牙语。

- 更多的课外活动，通常由老师和高年级的学生组织。

中学的课程特点决定了孩子使用电脑和网络的时间更多。比如，需要经常利用网络搜集资料做课题研究；每份作业需要提交到网络教室；每个科目的每个单元结束后，学生需要总结自我反思，提交到网络上专门的区域；学校的通知、新闻都要通过网络在学校网页上获取；与老师的交流有时也需要通过网络进行，等等。如此一来，网络成了中学生学习、生活都离不开的工具。

进入中学以后，没有自控力的孩子，面对属于自己的电脑、学校提供的 Wi-Fi，没有家长、老师在身后紧盯着，很容易一下子迷失在网络中"不可自拔"。

女儿跟我说，每天校车只要进入学校的 Wi-Fi 覆盖区，很多学生就会迫不及待地打开电脑；每天早晨上课前有 20 分钟与辅导员见面的时间，大部分学生就会戴着耳机打游戏、听音乐、追偶像剧或玩五花八门的社交网络；课间经常有同学因为玩电脑上课迟到；午饭时间更是对电脑片刻不离；甚至上课时间，老师要求学生查找资料或完成网上作业时，也有不少学生打开与课堂无关的网页，趁老师不注意玩一把，等等。

女儿与我分享了这些中学生对电子产品的使用没有自控力的现象以后，我也针对这些现象与一些中学高年级的家长进行了交流。原来，进入中学以后，由于孩子玩电子游戏或无节制地网络聊天导致亲子关系对立的事情比比皆是。

有一位孩子已经进入 IB 学习阶段的妈妈跟我分享了孩子的中学经历与变化：在孩子刚进入中学时，由于孩子拥有了自己的电脑，对电子游戏一下子进入了"失控"的状态，家长采取了训斥、强制性制止的硬性手段，结果不但没有用，还天天把家里搞得鸡犬不宁。后来，看到孩子的成绩还说得过去，为了不让亲子关系变成"敌对"状态，家长就采用了"睁一只眼，闭一只眼"的态度。面对青春期的孩子，家长没有拿出耐心去心平气和地沟通，也没有积极地去想办法解决问题。现在，开始 IB 课程学习以后，看着孩子由于基础不扎实出不了成绩，面对紧迫的 IB 课程压力和终于醒悟（意识到玩电子游戏和聊天消遣很无聊）的孩子，深深地体会到了"即使把一天24小时都用上也无法弥补之前浪费掉的时间"的那种无力感。如今，孩子每天学习到凌晨，很努力，很辛苦，成绩也不是很理想。

在与中学生的妈妈们聊天时，不止一位妈妈跟我说："多想孩子能回到刚出生时，现在终于明白该怎么教育了，但是机会错过了。"

看着愁眉不展的妈妈们，我也是无能为力，我唯一能做的事情就是，把这些故事写下来，让孩子还小的妈妈们不再重复这些错误。

我也把这些故事讲给女儿，让她明白不正确使用网络会带来什么样的后果，让她明白父母的良苦用心。

接下来，再说说女儿和我。

女儿之所以能够对电子产品具有自控力，能够正确使用网络，我觉得主要原因是：她已经在阅读中找到乐趣，体会到读书会带给她更多的"精神营养"，还有就是这些年的阅读已经塑造了她的价值审美观。

我问过女儿："看到别人玩电子游戏、网上聊天，你是什么感觉？是不是特别想玩，但是又告诫自己不能玩？"她的答案是："我对电子游戏、网络社交、网红之类的不感兴趣。很多同学喜欢，是因为他们没有体会到读书的乐趣，中学图书馆里有很多好书，我想多读些书。"她说得没错，中学第一次家长会，英文老师就跟我说，女儿的阅读水平远远超过同龄孩子，建议她参照九至十一年级的推荐书单从图书馆借阅书籍。

这些年，作为妈妈，我在引导孩子方面坚持了独立思考。面对新事物，我会多与过来人交流，汲取别人的经验和教训；遇到问题，自己先分清利与弊，再引导孩子认识到利与弊；我不断学习，注重自我成长，提高自己的眼界和格局，没有"孩子会不会输在起跑线上"的焦虑，并且在新鲜事物层出不穷的今天，保护了孩子成长的安静环境。

我觉得，养育孩子没有大事，孩子的习惯、品质及能力都是父母花费心思从小事中、在小时候培养的。身处网络时代，父母不但要有从网络中"吸取精华，剔除糟粕"的能力，还要培养孩子具备自我控制的能力。我的经验是：除了家庭教育，培养孩子的阅读习惯，让孩子爱上读书就是最好的方法。最为关键的是，家长也需要自我管理，不能被电子产品"绑架"了。

第 9 章
时间管理：让孩子出类拔萃

在香港，医科是每年高考状元的首选专业，被人们誉为"神科"。2018 年，邻居的女儿以优异的成绩考入了香港大学的医科。这位优秀孩子的妈妈分享的经验是："我感触最深的是孩子在时间上的自我管理能力。孩子具备这项能力特别重要，否则很难成功。"

之前，很多家长会认为时间管理属于管理学课题，与孩子的距离还很远。这些年，越来越多的家长开始认识到：时间管理是孩子自我管理必不可少的一项重要能力。

不过，谈及时间管理，仍有不少家长给出了这样的答案：时间管理就是制定出一张详细的孩子作息时间表，要求孩子按照作息时间表作息，家长监督即可。然而，这样的想法和做法是错误的。

那么，什么是时间管理呢？时间管理是指按照事情的轻重缓急排列做事的次序，进而提高效率。

按照时间管理的定义，要想培养孩子的时间管理能力，首先要让孩子学会如何区分事情的轻重缓急；其次要让孩子学会按照什么样的次序去处理事情。下面介绍如何区分轻重缓急的事情以及处理它们的优先顺序。

（1）既重要又紧急的事情（马上做）。

往往和短期目标有关，如复习准备第二天的考试。

（2）重要但不紧急的事情（坚持做）。

往往和长期目标有关，如想要学会一门外语、健身、弹琴、阅读等。

（3）紧急而不重要的事情（根据情况决定马上做或是等等再做）。

比如，想看球赛直播，如果没有完成上述（1），那就只好选择放弃，等着看转播录像了；如果已经完成了（1），可以选择看直播。

（4）既不重要又不紧急的事情（不一定做）。

比如，有时间想看场电影或画一幅画，如果没有时间就不做了。

明白了时间管理的含义，家长也要时时提醒、告诫自己：任何习惯和能力的培养都不是一蹴而就的事情，需要在日常生活和学习中反复练习、使用。还有，时间管理根本不可能靠一张"严格"的时间表来得以实现。接下来分享这些年我们对时间管理的运用及获益。

🔑 按照"要事优先"的原则引导

从女儿小时候开始,每逢周末我就会引导、提醒她想一想、捋一捋周末需要做什么事情。然后,我们一起讨论这些需要做的事情。区分出哪些事情是必须要做的,如每周一次的钢琴课;哪些事情是有期限的,如需要提交的作业;哪些事情是想做的,如游泳、打球、爬山、看电影、品美食、泡图书馆等。接下来会按照"要事优先"的原则排一排先做什么、再做什么的大致时间表。

现在,女儿在这些方面已经不需要我了,因为她自己已经能够得心应手地运用这种时间管理方法了。女儿平时是这样安排她的日常和学习时间的:

1. 作业

到目前为止,女儿的大部分作业,周期是一周,也就是说从接到作业到提交作业,一周时间。这样大部分作业从接到到提交会跨一个周末,所以,她选择了利用周末集中时间完成作业,平时放学后的时间主要用来弹琴、读书。我尊重她的选择,我的观点是:选择没有对错,只要对自己的选择负责就好。

2. 课外活动

在学校放学后,每周游泳一次,每周打一次 Netball(英式篮球);学校午饭时间,参加十字绣、辩论、编程等俱乐部。这些主要取决于学校的活动安排和她的兴趣。

在家里,每天练琴,练琴时间固定在 16:30~19:30 之间。在这个练琴的时间段基本上不会安排其他的事情，除非有重要、紧急的事情发生，如朋友到访等。她按照每周的弹琴任务，大致规划出每天的练琴计划，每天练琴以"完成当天的任务计划"为目标，而不是以练习多长时间为目标。

每天阅读，我们没有规定她读多长时间、读多少页，只要求她21:00 必须上床睡觉。

也就是说，女儿每天 21:00 点之前的时间完全由自己支配，据我观察，她每天弹琴结束后会检查第二天或第三天需要提交的作业（目前作业多了，有些作业周期比较短），然后会根据实际情况，按照时间管理"要事优先"的原则规划自己的时间。有时候，由于完成第二天的作业需要较多的时间，她就会放弃当天的阅读。她从来没有发生过睡觉时间到了，才想起来去做作业的事情。

3. 周末安排

女儿的周末，首先必须保证上钢琴课的时间。她通常会在周五把她的周末时间安排告诉我们，便于我们根据她的周末时间表安排全家的周末计划。

时间管理带来的好处

按照女儿自己安排的时间表，几年下来，我发现还是很科学、合理的。女儿读的是 IB 课程（国际课程）体系，这个课程体系对阅读有很高的要求，但是阅读不是一日之功，需要日积月累。女儿平时积累的阅读量，让她的作业不但完成得质量高，而且用时少。这样不但增加了她的自信心，而且给她带来了更多的自由支配时间。

目前，家有学童日子不好过，很多问题都集中在孩子做作业这件头等大事上，不同年龄阶段会有不同的问题，面对做作业到深夜的孩子，家长真是焦虑到了极点。

有一次跟朋友聚餐，用餐时，朋友不停地抱怨孩子（小学三年级，本地学校）作业的事情，充满了无奈与心疼。回家后，先生问我："女儿的作业是不是比朋友家孩子的简单呢？咱们家好像没有这些问题啊？"当我把女儿的作业拿给他看时，先生自言自语道："这作业不简单啊。作业的事咱们没有操过心，我一直觉得她很轻松呢。"

国际学校因材施教，女儿总是会得到额外的家庭作业，不过，我也没见过她为这些高难度的作业苦恼。她一直以来选择周末集中时间做作业，告诉我们："我开始做作业了，请你们不要打扰我啊。"然后自己躲进书房。等出来的时候，通常都是做完了，或者是在等老师的邮件（她在做作业时遇到拿不准的地方，会直接发邮件问老师）。

总之，我们没有为她做作业这件事费心劳神过。我觉得自己能够成为"轻松家长"主要得益于时间管理。阅读需要时间的积累，大量阅读可以提高整体学习能力（阅读速度快、捕捉信息能力强、理解力强、知识面宽等），能力决定了做作业的效率，做作业的效率高又可以赚得更多的自由支配时间，如此往复，便进入了学习时间的良性循环。目前，女儿就处于这样的学习时间良性循环中。

有些家长会认为，是因为国际学校作业少、作业简单等原因使得我这个家长凡事不用操心。接下来我会用亲身案例来答疑。

女儿进入中学一个月后，学校安排了家长与辅导员的见面会。整个见面会充满了家长（除了我都是老外）的抱怨，抱怨功课太多、功课太难、孩子每天睡眠不足等。见面会期间，辅导员说："学校每天 16:00 左右把孩子的作业通过邮件发给家长，便于家长提醒孩子完成作业。如果孩子 3 次没有按时交作业，就会得到一次'留校'的惩罚。"辅导员话音刚落，一位爸爸就拿起手机给辅导员看："我 18:00 才得到学校的作业邮件，晚了 2 个小时，孩子如何按时完成作业？"

我也是第一次见到老外对孩子做作业的问题如此焦虑。作业的周期通常都是一周，晚两个小时不会有什么影响，因为没有要求当天的作业必须当天完成。

总之，那次见面会，当我离开的时候，那些家长还在情绪激动地向辅导员反映着有关作业的各种问题，各种我没有遇到过的问题。

再说说女儿的同学及好朋友 N，N 每天放学后的时间安排是做作业、看一会儿自己喜欢的小说，经常晚上 12 点左右才睡觉。N 是一个很勤奋、努力的印度女孩。

女儿与 N 在同一个数学班。有一次，N 很兴奋地对女儿说："这次的数学作业特别有趣。我做完了，用了差不多一个小时。刚开始，我自己想了好久没有做出来。后来，爸爸帮忙，我一下子就想明白了。你做完没有？"实际情况是：女儿那次数学作业比 N 多了一个额外的作业（更高难度的作业）。女儿是在周五晚饭结束后，用了十几分钟就完成了跟 N 一样的正常作业和额外作业。我印象比较深刻是因为，女儿做完以后很兴奋，一直说作业特别有趣，并且忍不住给我分享她是如何巧妙地借助辅助线分割图形，然后答案一下子就一目了然的，我当时也被她那满满的成就感感染了。

由此看来，学习时间也有马太效应，进入学习时间良性循环的人，因为看书、做题很轻松，可以拥有更多的自由支配时间，用来让自己取得更大的进步；而进入学习时间恶性循环的人，因为看书、做题都很痛苦，效率低下，每天连老师布置的作业都难以完成，根本挤不出时间来学习，只能越来越痛苦。

⊙┅ 为什么孩子做作业总是磨蹭

接下来，我试着从时间管理的角度，分两方面来挖掘一下孩子在做作业的时候总是磨蹭的原因，这是眼下令不少家长非常痛苦、头疼的事情。

首先，家长需要反思，是不是由于家长过度安排孩子的时间所造成的。

家长拿出一支笔，在一张纸上制定了孩子详细的作息时间表，然后家长每天就像拿个小鞭子一样在孩子背后赶着，督促孩子完成作息时间表上填写的任务。家长每天都像在跟时间赛跑，而孩子做起事情却像只乌龟，于是家里整天鸡飞狗跳，战火连天。并且为了完成作息时间表上的任务，家长与孩子之间没有多余的沟通时间，只是下命令，如"赶紧洗手""赶紧做作业""赶紧吃饭""赶紧洗澡"等。这些画面，是不是在做作业磨蹭的孩子家中很常见？

这类家长需要换位思考，孩子每天像机器人一样被家长操纵着，估计什么样的孩子都会被折腾得活活受罪。刚开始孩子会紧张、害怕，慢慢地摸清了家长的"底牌"，孩子很快就会找到一种解脱方法——磨蹭。反正也不明白为什么要做这些事情，那么积极干什么？所以说，按照家长的要求做出孩子详细的作息时间表是没有意义的，并且往往成效也是事倍功半的。

家长应该学会：根据孩子的实际情况，如根据孩子的基础及学习能力，在心里有个大概的时间表，耐心地帮助孩子找出问题、解决问题，直到孩子可以独自处理学习的事情。每个孩子的能力不同，不从自己孩子的实际情况出发，总是拿别人家孩子完成某项任务需要的时间作为自己孩子的时间指标，不但解决不了自己孩子面临的困难，而且还会增加孩子的心理压力。

我相信每个孩子都渴望进步，渴望学习出类拔萃，因为这样可以在学校小社会里赢得老师和同学的尊重。并且，只有当孩子感受到进步，体会到解决问题的成就感时，才会有效地利用时间。否则，只会在家长盯着的学习过程中倍感煎熬。

其次，在做作业过程中，心理时间拉长的缘故。

我们每个人都拥有主观的心理时间和客观的自然时间。通常心理时间与自然时间不同步。当人们做喜欢的事情时，内心感觉愉悦，心理时间就会缩短，感觉过得快。比如，孩子看喜欢的动画片，两个小时都不会觉得时间长；当人们做不喜欢的事情时，内心感觉煎熬，心理时间就会拉长，感觉过得慢。比如，让孩子做不喜欢的作业，10 分钟就会觉得过了几个钟头。

明白了心理时间与自然时间的关系，接下来分别从家长和孩子的心理时间感知来解释磨蹭现象。

当家长催促孩子赶快完成作业时，通常家长的心理时间会拉长，很容易对孩子的做事速度形成错误的判断；再者，用大人的标准去要求孩子，也会觉得孩子慢腾腾的。而实际情况却是用大人的标准去要求了孩子。这种情况，家长要通过"对比老师给出的作业时间和孩子用掉的作业时间"来确定自己的判断是否客观，如果相差不多，那么家长调整自己的心态就好了。

如果孩子做不喜欢的事情，孩子在做事过程中心理时间就会拉长，度日如年，并且会极力转移注意力，也就是说孩子不自觉就会磨蹭。家长面对孩子的磨蹭，往往会有很大的挫败感，通常会说教、责骂孩子。家长的情绪发泄，只会增加孩子的心理反感，让孩子的心理时间变得更长。针对这种情况，家长需要花心思找出孩子不喜欢的原因。如果是因为孩子能力的原因，家长要体会孩子面对困难的无助，千万不可以对此嘲笑挖苦。并且家长需要改变"规定时间内完成任务"的做法，要以解决问题为导向耐心帮助孩子，培养孩子解决问题的能力，让孩子体会到成就感，进而培养孩子的学习兴趣。孩子一旦对学习产生了兴趣，注意力就会集中，心理时间就会缩短，磨蹭现象也就迎刃而解了。

另外，每个孩子的专注力时间不同，超过了孩子的专注力时间，孩子的心理时间就会被拉长，开始磨蹭。家长需要测试把握一下孩子的专注力时间，然后定时、主动提出让孩子放松、休息，如在房间里走一走、向远处眺望一会儿等；同时家长可以用鼓励的方法帮助孩子延长专注力时间，如告诉孩子"这次比上次专心的时间多了5分钟，进步了，加油"之类的话。

只要家长用心，孩子磨蹭的原因总会找到，解决方法也会有千千万万种，关键是家长不要把责骂当作教育。帮助孩子进步，让孩子成为最好的自己，才是家长应该做的事情。

时间管理，除了掌握"要事优先"的时间管理方法，还需要把握时间管理的五个基本原则。孩子如果掌握了这些原则，就会安排好时间，管理好自己。

时间管理的五个基本原则

第一个原则是舍弃。

每个人的时间和精力都是有限的，特别是在中学的最后两年，面对学习压力，孩子必须懂得舍弃，如果不懂得舍弃，就会手忙脚乱，眉毛胡子一把抓。

懂得舍弃，就可以确保自己一直在做最重要的事情，实际上也就确保了自己的时间一直在被高效地利用。比如，你今天计划做五张试卷。那么，该怎么安排做试卷的顺序呢？按照先做你觉得最需要提高的那门科目的原则决定顺序。

懂得舍弃，就是杜绝做事情不分轻重。不要试图把所有的事情都做好，要学会把时间用在最需要的地方。正如我在本章开头提到的那位邻居给我的分享："IB 学习压力很大，作业、考试、论文每天都是扑面而来，如果不懂得舍弃，什么都做不好，什么都无法完成。如果不会时间管理，真的是把一天 24 个小时都用上也不够啊。"

第二个原则是做自己力所能及的事情。

在有限的时间内寻找最重要的事情来做，要放弃的东西，不仅是那些看起来不太有价值的东西，还要学会放弃那些看起来很有价值，但是超过自己能力范围的事情。

比如，面对试卷，要按照"先易后难"的原则去做题，先把有把握的题目做准确、不丢分，再去做有挑战的题目。不可能一开始就做有挑战的题目，这样做很可能出现最坏的结果：该交卷了，有挑战的题目还没有解出来，能拿分数的题目没有时间去做，白忙活一场。

再比如，平时做练习，要多做和自己能力水平相当的题目，这样既有成就感又能提高自己的解题能力。如果不顾自己的实际能力，只是一味地操练难题，不但不能提高解题能力，而且浪费时间，没有效率。

第三个原则是根据学科特点安排学习时间。

每个学科都有自己的特点，针对不同的学科要有不同的学习方法。要学会让不同的学科和不同的时间相契合。比如，中文、英文等科目的学习主要靠阅读，阅读需要日积月累，那么就需要制订长期计划，把阅读作为重要的事情坚持做；数学、物理、化学等科目的学习主要靠理解，需要把概念吃透，知识点之间的来龙去脉搞清楚，那么就需要通过做题把这些科目学好。

我经常跟女儿说："阅读得靠积累，阅读上的差距只能靠时间才能补回来；数学、物理等科目就不同，把知识点搞懂了就学好了，所以，这些科目一旦明白了，很快就能把成绩赶上来，成绩与时间的关系也不是一直成正比的。这都是由不同的学科特点决定的。"所以，必须要根据学科特点安排学习时间。

第四个原则是合理安排休息时间。

"会学习的孩子都是会休息的孩子。"这句话表明会学习的孩子不但会管理好自己的学习时间，也会管理好自己的休息时间。

面对升学压力，很多学生喜欢熬夜，理由是：夜里比较安静，可以静下心来学习。效果怎么样呢？长期熬夜的学生，学习没效率，整天迷迷糊糊，不清醒。原因很简单，晚上没有休息好，白天上课晕晕乎乎，无法集中注意力，每天都是觉没有睡好，课没有听好，学习当然也没有效率。

"有张有弛"才是学习之道，"张"指的是学习的时候，注意力集中、全力以赴；"弛"指的是休息的时候彻底放松。如果张不能尽情地张，弛不能尽情地弛，长久下去就会变得像没有弹性的橡皮筋，学什么都没有效率。

第五个原则是执行。

时间管理可以使人对需要做的事情分类、排序，做出时间规划，但是如果没有执行，一切都是零，都是空的。只有执行才能把良好的计划变成现实。

家长要在日常生活中注意培养孩子的执行能力，使孩子不要养成拖延的习惯。在任务执行过程中集中注意力，往往会更快、更好地完成任务。当孩子在做某件事情时，家长要尽量减少环境中可能会影响孩子专注力的因素。比如，孩子做作业时，家长在一旁看电视、打电话、与人聊天等，会对孩子专注力的培养起破坏作用。

到此，我给大家分享了时间管理的方法和五个基本原则，介绍了如何对需要做的事情进行分类、排序，接下来介绍如何通过"时间表"做出时间规划。

时间表，就是每天计划如何安排时间的表格。只有在计划这张时间表时，能够在正确的时间填入正确的内容，时间表才会有效。

我在准备硕士入学考试前夕，就经常使用时间表。通过时间表，我可以合理配置每科的学习内容和学习时间，每天晚上检查当天时间表的完成情况，然后再根据当天的完成情况，制定第二天的计划时间表。如此坚持，可以保证自己完成每个阶段的任务计划。

当时，时间表对我每天的学习非常有帮助。我每天需要根据进度、能力合理安排时间，每天晚上检查当天任务的完成情况。这使我每天的学习都能有目的、有计划地进行，每天在进行每一科学习时，心里都已经很清楚今天需要完成多少任务。

到如今，我都觉得在时间紧、任务重的情况下，能够很好地使用时间表，是确保达到目标的有效工具。

在这里，我还想给大家分享一个有效的工具"时间日志"。

时间日志就是记录时间的实际支出，进行统计分析后发现浪费时间的原因，进而修正行为。一般人记录一周就可以了。

家长可以记录孩子一周的时间日志，分析时间的实际去向。在记录过程中，按时间排序先做了什么、后做了什么，然后又做了什么，如果前后有同样的事情不需要合并，这个记录要的就是"流水账"。这样一周下来，就能发现孩子的时间分配，看出孩子和家长有没有"要事优先"的做事风格。依照时间日志，家长可以培养孩子的时间管理能力。

写到这里，我才发现家长经常说的与时间管理挂钩的孩子的作息时间表，既不是我使用的那种时间表，也不是时间日志。因为时间表要求当事人自己制定、执行、检查，时间日志是记录时间支出的工具。

总之，对于时间管理，家长要有清醒的认识：孩子才是当事人，家长只能帮助孩子提高对时间的管理能力，而不能替代孩子拥有这项能力；家长对孩子的时间管理只能是外部动机，孩子自己的时间管理才是内部动机，一个人要想发生本质的变化，必须是内部动机起作用才行；家长要把心思花在如何让孩子具备时间管理的能力上，而不是督促孩子完成家长设计的时间安排表格上的任务。

说到底，每只鸟的飞翔都要靠自己的翅膀，每个人的成就最终都要靠自己的内在的驱动力。

第 10 章

钢琴：送给孩子的终生大礼

为什么让孩子选择学习弹钢琴

现在有不少家长选择让孩子从小学习一门乐器，其中钢琴和小提琴比较普遍。我的女儿从小学习弹钢琴。

为什么让孩子选择学习弹钢琴？

我想，大部分家长让孩子选择学习弹钢琴，是因为学习弹钢琴有助于锻炼意志、陶冶情操和增强自控力；同时，在学习弹钢琴的过程中随着孩子的心理状态向表演和自我表现的方向变化，孩子的性格也会逐渐变得活泼、开朗。

为什么大部分孩子学习弹钢琴都是"虎头蛇尾"？

因为刚开始钢琴对孩子来说，就是一个能发出美妙声音的玩具，所以孩子对钢琴没有抵抗力，会产生极大的兴趣。但是随着在学习过程中难度和强度的加深，再加上孩子自控力差，缺乏毅力，很容易坚持不住，产生厌学的情绪，所以在学钢琴的路上半途而废的孩子非常多。

女儿从 4 岁开始学习钢琴，这些年虽然家从北京搬到国外，从国外搬到香港，但她学钢琴没有因为搬家而停下来。作为琴童家长，我也经历了不同的心理变化和积累了不少的经验，在此与大家分享。

如果孩子决定学习弹钢琴，家长需要做好三件事情：挑选钢琴；寻找合适的钢琴老师；做好陪练。我的经验是：挑选钢琴最简单，基本上钢琴搬运回家，这个工作就算完成了；寻找合适的钢琴老师，家长在前期选择老师的时候麻烦会比较多，不过老师选好以后就轻松很多；做好陪练，是最考验家长的一项，也是决定孩子在学钢琴的路上能走多远的重要因素，需要家长拿出足够的耐心、智慧和时间。

🔑 如何选择钢琴老师

学习钢琴，首先得找钢琴老师，因为学钢琴不可能自学成才。

选择钢琴老师的原则是：孩子在不同年龄阶段对老师有不同的要求，需要不同类型的老师。

大致上分为三个阶段：学琴之初，孩子 4~6 岁，需要的是启蒙老师；然后，孩子 6~12 岁，需要带领孩子认识音乐的老师；接下来，在孩子 12 岁左右，坚持到此阶段的大部分孩子已经过完级，此处是个分水岭，有些孩子选择继续学下去走专业路线或学得更专业一些，有些孩子选择停下来。如果选择继续学，就需要更加专业的老师。

学琴之初找老师，很多家长的想法是：先随便找个老师学学，看看怎么样；如果行，就换一个专业的好老师。实际上，这样的想法很不可取，启蒙老师的选择非常重要。

选错启蒙老师，会有什么后果呢？

如果没有选择好启蒙老师，有可能就关上了孩子学钢琴这扇门；或者，孩子养成了错误的习惯和方法，特别是触键方法上的错误，纠正过来是极为困难的。等换了老师，需要花费很长时间去帮助孩子改掉之前的错误习惯与方法，甚至有些习惯已经无法校正。

如何选择启蒙老师呢？

启蒙老师除了科班出身这个基本条件，还需要有足够的爱心、责任心、耐心及指导幼儿的教学方法。启蒙老师选好了就能激发孩子学习钢琴的兴趣和热情。

在选择启蒙老师方面，给家长几点建议。

家长要多花心思去找老师，不可以轻率地做出决定，并且家长要重视孩子对老师的直觉，因为人与人之间的缘分和感觉很特别也很重要。

在给孩子选择启蒙老师的时候，不要过于迷信老师的学历，只要是正规音乐学院毕业的老师，就能满足孩子的学琴需求了，而一个音乐博士可能真的没有耐心从哆来咪教起。

最好的方法是试课，通过试课，家长就能判断出来。

界定一下，什么是"开心学琴"？

不少家长认为孩子上课学琴，有没有进展不重要，只要孩子开心就好，孩子开心了就能把学琴坚持下去。这种只图开心的学习方法通常都不会长久，随着时间的推移、学琴难度的增加，如果孩子做不到应该达到的要求，无助感就会越来越强，学起来很吃力，很快就没有了兴趣。所以，在启蒙阶段，孩子最重要的是能够开心地学到应该掌握的钢琴知识和技巧，这个主要取决于家长的态度和认知。

女儿的钢琴启蒙老师是幼儿园的王老师。王老师在幼儿园专门教幼儿钢琴，40 多岁，对孩子有一种天然的亲和力。

女儿在幼儿园学琴，钢琴课的安排特点是：时间短，次数多。正常情况下是一对一上课，一周一次；集体课，一周三次。每次上课时间 30 分钟左右，集体课是七八个孩子一起上课，两个孩子一架钢琴。

王老师很喜欢孩子，平时只要有空了，就会带几个孩子到她的琴房里，让孩子做做乐理图画册、玩玩钢琴教具，教孩子用小手在桌子上摆一摆，使孩子明白怎样才是正确的手型，等等。

上课的时候，王老师见谁的指甲长了，就拿出指甲剪剪一剪谁的指甲；看谁听不见老师讲话，就把谁的头歪倒在老师的腿上掏一掏耳朵。到现在，每当提起王老师，女儿都念念不忘她高超的挖耳水平。

集体课的好处是可以让小朋友之间看到差距，对孩子们在家坚持用心练琴是一种无形的鼓励。王老师的集体课形式多样，如让明白的小朋友教还没有明白的小朋友。这些都是我从女儿口中得知的，我想象出来的画面是：集体课像个温馨的大家庭。

一年后，王老师把集体课的孩子们分成了正常班、快班和特快班。王老师解释是：每个孩子的手、眼、脑协调能力都不一样，每个孩子按照自己的节奏学琴效果最好，能力不同的孩子一起上课对彼此都没有好处。按照快的节奏教，慢一些的孩子根本跟不上，时间长了孩子就会觉得弹琴太难，想放弃；按照慢的节奏教，就会让那些学得快的孩子觉得没有意思，久而久之就会失去兴趣，并且还会在无所事事的过程中，养出很多坏毛病。

出国后，我才体会到这种"因材施教"的科学性，才认识到王老师一直都在运用"因材施教"的方式进行钢琴启蒙教学，如今愈发觉得她是一位很难得的启蒙老师。女儿在 4~6 岁的两年时间除了学会弹奏《哈农钢琴指法练习》《拜厄幼儿钢琴教程》，还弹完了《约翰·汤普森简易钢琴教程 1》《约翰·汤普森简易钢琴教程 2》《约翰·汤普森简易钢琴教程 3》《约翰·汤普森现代钢琴教程 1》《可爱的钢琴古典名曲（一）》等几本书。通过练习弹钢琴，女儿的手形很漂亮，专注力、模仿力也都很好。

女儿学弹钢琴的第一年，刚开始每天在家练琴 15 分钟，后来半个小时。学弹钢琴的第二年，随着练习曲子的增多，每天就需要练琴 45 分钟左右了。

总之，启蒙阶段，孩子的学习重点是基本功，如识谱、手型、练琴习惯、注意力集中等。作为家长，要多与老师沟通；同时还要根据孩子的进度，尽早地物色能带领孩子认识音乐的老师。

认识音乐阶段，家长该怎么选择老师？

老实说，很多家长都忽略了此阶段。主要原因是，很多琴童的家长自己不懂音乐。并且，琴童家长之间聊得更多的是"钢琴考级"，家长通过学生钢琴考级成绩衡量老师的音乐水平。老师为了适应学习钢琴的市场需求，把钢琴教学往往聚焦于考级等，这会带来很多现实的问题。

欧洲是钢琴的"故乡"，我是因为在丹麦生活了几年，才有机会领会"认识音乐"是怎么回事的。

所谓"认识音乐"就是培养孩子的音乐感。音乐感看不见、摸不着，没有文字、没有教材，完全依赖老师的音乐素养。

在丹麦，老师授课时，会根据音乐引导孩子去想象，如把某段音乐想象成一幅画面或想象成某个动作（如小鸟飞翔、小兔子在草地上跳来跳去、海浪滚滚而来等）等。常常在课堂上，女儿会模仿老师把音乐表达出来，一周后再见到老师时，很多地方都已经弹得变形了。老师需要重新启发、引导她去揣摩"音乐感"。

这个阶段很考验家长，因为为了音乐感表达到位，通常一首曲子需要弹 2~3 个月。课堂上，老师一遍又一遍地给女儿解释，女儿总是这次做到了，下次课老师听来又是完全不对。

那么，家长该怎么做？

坦诚地讲，孩子认识音乐阶段，家长的认知和态度直接决定了这个过程的长短和能否过关。作为琴童家长，既需要考虑对孩子该怎么做，同时也要思考对老师该怎么做。

对待孩子，家长应该明白：

第一，孩子越早独立越好。孩子有什么问题，家长要鼓励孩子与老师直接交流，让老师帮助孩子。就算孩子年龄小，不能准确表达自己的问题和想法，家长也要放手，也要有足够的耐心等待孩子成长。

第二，家长不可以因为陪着孩子上课，就在练琴时指导孩子该怎么弹。家长指导孩子弹琴的后果是，孩子会慢慢地形成无论听课还是练琴都依赖家长的习惯。

第三，家长必须做到，鼓励孩子每天坚持练琴，保证孩子每天的练琴时间。总之，一句话，家长和孩子都要明白，弹琴是孩子自己的事。

对待老师，家长要明白并遵守礼仪。

不少家长，在老师上课时，一旦孩子不能回答老师的问题，立刻就表情难堪，焦灼不安，并且随时插话，试图"辅助"老师，或者试图替孩子回答老师的问题。这样的行为都不可取，让孩子单独与老师交流，既是对老师的尊重，也是对孩子的尊重。

另外，做家长的一定要正确判断自家琴童的能力，不可以因为孩子进步慢就怪罪老师。无论如何都不可以在孩子面前讲老师的坏话，就算是家长觉得老师的某个做法不妥，也要站在老师的立场去理解，并帮助孩子理解和接受老师的要求。孩子只有拥有了一颗愿意受教的心，教和学才会默契。通情达理的家长会使孩子在学琴过程中少很多没有必要的烦恼。

女儿的"认识音乐"学习阶段，经历了两位老师，一位是丹麦的 Mimi 老师，另一位是已经退休了的中国香港演艺学院的黄老师。

女儿第一次见到 Mimi 老师的时候，刚过完 6 岁生日，这次见面持续了将近 2 个小时。

Mimi 老师对女儿的第一印象特别好。通过教女儿一首曲子，她发现女儿的基本功很好，专注力、模仿力等都超过了一般的丹麦同龄孩子；同时发现女儿是自己喜欢弹琴，不是"为了父母弹琴"的孩子；很吃惊女儿弹过那么多曲子。

学琴一个月之后，Mimi 老师发现女儿在弹琴技术上比丹麦同龄孩子高出一大截，但是在音乐感方面逊色不少。

后来的课堂上，基本上就是老师耐心地、一遍又一遍地帮助女儿理解音乐感。

我们离开丹麦的时候，Mimi 老师对我说，女儿的音乐感没有找到，不过耳朵听到的音乐跟之前已经不一样了。我虽然不懂音乐感，但毕竟陪着女儿找音乐感找了两年多了，已经明白了什么样的老师是教音乐感的老师。

在中国香港，女儿见到黄老师的时候，已经过完 9 岁生日。黄老师 80 多岁，德高望重，她教过的不少学生的爸爸或妈妈也曾经是她的学生。

一节课下来，黄老师就对我说，你女儿需要尽快学习乐理，同时需要在音乐感方面下功夫。

为了帮助女儿找到音乐感，黄老师也是采用了很多办法，如借书让她读音乐家传记；借经典光碟给她看，让她感受音乐之美；指导她看画册增加她的想象力，等等。

在黄老师的谆谆教诲下，女儿终于在过完 11 岁生日后没多久找到了音乐感。

一路走来，我觉得这个阶段很不容易，老师、孩子、家长都从不同的方面付出了很多。静待花开的过程，对家长而言也是自我成长的过程。不过，过了这个阶段，家长就可以每天享受孩子练琴的时光了。

接下来，女儿会跟着黄老师继续学琴。

针对选择钢琴老师，下面再谈两个问题。

问题一，选择钢琴老师时，家长一定要果断地放弃不合适的老师，那么怎样判断老师不合适呢？

（1）动不动就爱炫耀自己专业背景的老师。放弃原因：家长花钱浪费时间。

（2）极少做示范的老师。放弃原因：专业能力够，就是懒得做示范，责任心不够。

（3）总是夸你的孩子有天赋，且很少说孩子存在问题的老师，实际情况是要么你的孩子是天才，要么该老师极力想赚学费。放弃原因：因为我没有觉得自己孩子是音乐天才。

（4）让孩子感到害怕的老师。放弃原因：就算老师是专家级的，不适合自己的孩子也是白搭。

问题二，家长如何判断孩子进入了不同的学琴阶段，要不要换老师？

家长自己懂音乐的除外。对不懂音乐的家长，我建议家长要多跟老师交流，有师德的老师一定会为孩子的前途考虑，会从专业的角度帮助孩子推荐合适的老师。

总之，选择对的老师对孩子的钢琴学习来说特别重要，毕竟孩子一年一年学下来，花掉的时间和精力再也回不来了。为了孩子在学琴这条路上少走弯路，家长就一定要多花心思去选择老师。

⚿ 做好"陪练"

孩子学习钢琴，对家长而言，最有挑战的事情就是：家长要有做好"陪练"的充分准备，这个至关重要。

家长为什么需要做好"陪练"？

"三分学七分练"，练琴是钢琴学习非常重要的一个环节。琴学得好的孩子，通常都有一位坚持不懈的"虎妈"或"虎爸"在认真陪练。

孩子的心理是很敏感的，你不重视他、不欣赏他，他就不好好练琴。陪练者只有及时地反馈，孩子才会把练琴坚持下去。

最近几年开始流行专业"钢琴陪练"，从需求决定市场的角度来看，说明不少家长已经认识到了练琴的重要性。

家长如何做好"陪练"？

家长陪孩子练琴的关键时段是启蒙阶段，也就是孩子学琴之初的 2～3 年。之后，家长就应该把握好"逐渐往后退"的原则。

4～6 岁，启蒙阶段，孩子在这个阶段特别需要家长的用心陪练。

首先，启蒙阶段的孩子学习特点是记忆力强、理解力弱。所以对于孩子一下子理解不了的问题，家长要保持心平气和、情绪稳定，必要的时候可以把问题先放一放，第二天甚至几天后再提，这期间家长也要反思自己的方法是不是合适，不可以采用"学不会决不罢休"的方式，这不符合这个阶段孩子的学习特点。

第二，启蒙阶段的学习重点是手型、识谱、节奏、音准等方面的内容。家长要及时肯定孩子的点滴努力，只要孩子在努力，家长就要肯定。很多家长就是因为只关注结果、忽略努力过程，导致孩子对练琴产生了极大的抵触情绪。

女儿学钢琴的第一年，每天练琴都是她弹多久，我就在钢琴旁边站多久。学钢琴之初，孩子的手型特别不容易做到位，每天弹琴时，我随时提醒她注意哪个手指。弹完琴，我会对女儿进行点评，比如："今天，左手的四指很努力，虽然没有完全站起来，但是比起昨天有进步了。小指要多向四指学习，争取不落后；小手今天握住鸡蛋了吗？是不是觉得'小房子'太瘪了点？"每次，女儿总是一边听我说一边很开心地看着自己的小手，很享受这一时刻，第二天练琴时就会更加努力。一年多之后女儿的小手指才能在弹琴的时候差不多站立起来。期间，对于她每天的点滴努力和进步，我会及时地反馈给她。在我的肯定和鼓励下，女儿在学弹钢琴过程中遇到问题，她的选择是"迎难而上"，而不是"放弃"，这培养了她自信、坚持等良好的品质。

第三，当家长发现孩子做得不对或不到位时，需要示范并且告诉孩子怎样做才是正确的，要用孩子听得懂的话去解释，示范的时候鼓励孩子模仿、体会。比如，家长命令式地对孩子喊"手指太紧了""肩膀需要放松"等，孩子根本不知道什么意思。家长正确的做法是示范"放松"是什么样子，"不放松"是什么样子，鼓励孩子体会什么是"放松"与"不放松"，跟孩子解释为什么要求"放松"，只有当孩子体会到了、明白了，才知道该怎么做。

第四，家长在陪练过程中要引导孩子运用老师传授的知识解决问题，而不是替代孩子解决问题。孩子会在家长的肯定和表扬中找到克服困难的乐趣，随着孩子的掌控感越来越强，孩子的学习热情也会越来越高，这些都需要家长用心、用脑，需要家长付出心力和精力。

女儿学钢琴之初，只要是在幼儿园，几乎每天都会在王老师的琴房待上一会儿，所以那些音乐的基本知识，如音符、音符的时值、表情记号等，都学得很好，但是孩子的共性是：在融会贯通方面比较弱。比如，一个音符明明刚才还认识，换个地方就不认识了。我就会鼓励她按照老师的方法自己数一数、算一算认出音符。还有就是拍子会经常出错，我就鼓励她从老师教的数拍子歌谣里找答案。只要家长有耐心，孩子很快就会理解、领悟、掌握这些学习的方法和要领，很快就能把知识活学活用，融会贯通。

第五，启蒙阶段是培养孩子练琴习惯的关键阶段，也可以说是培养孩子练琴规律性的关键阶段，家长需要做到：一方面，当决定让孩子学钢琴的时候，家长就要做好坚持做陪练的打算，不可以"三天打鱼，两天晒网"，不能今天陪练，明天有事就不陪练了；另一方面，保证每天练琴的时间段是有规律的，不可以什么时候有空就什么时候练琴，如今天是早上练琴、明天是下午练琴，这种方式不可取，最好是在每天的固定时间段练琴。

当然，培养孩子的练琴习惯需要家长灵活而不失原则。比如，孩子生病了，就要以身体为重，同时给孩子解释不练琴的原因。这样既让孩子感受到家长的关心与爱，也让孩子明白练琴在什么情况下才可以暂停。

家长需要时刻清醒地认识到：陪练的目的是为了让孩子能够独立自主地学习，而不是"一陪到底"。所以在"陪"的过程中，家长要逐步教给孩子应该如何思考；遇到问题，要引导孩子思考，而不是直接告诉孩子答案。要在陪练的过程中，逐渐培养孩子独立练琴的能力。

等到了七八岁，孩子的习惯养成了，家长就可以不用坐在钢琴旁边了。刚开始，家长可以在同一房间内做自己的事，然后再渐渐离开这个房间，但还是在一个屋檐下。总之，家长需要一天一天慢慢后退。

家长作为陪练需要慢慢地退出，但是不能退得完全不管不问了。因为如果家长很在乎孩子正在做的事情，孩子就会提高注意力，提高练琴效率。另外，当孩子出错的时候，一定要先给予肯定，然后再指出错误或给出建议。通常孩子在得到家长的肯定之后，比较能接受家长的建议。

女儿弹钢琴时，如果哪里出错了，我的处理方法是："我觉得你弹得真的很不错。但是，有一处，大概在这个地方，我怎么听着跟昨天不太一样，要不你再弹一遍，检查一下是我听错了，还是你弹错了？"对于女儿学弹钢琴，我没有急于求成的想法，所以女儿学弹钢琴以来，很少有抵触情绪。并且她很早就明白：学弹钢琴是她自己的事情，妈妈只是在帮助她进步。更重要的是我一直给她传递的信息：你每天都在进步！

🔑 挑选钢琴

对于如何挑选钢琴，超过 90% 的家长认为，孩子学习钢琴不知道能否坚持下去，选用普通的钢琴即可，等到孩子弹钢琴的水平提高了再更换好钢琴。

普通钢琴与好钢琴有什么差别？

普通钢琴的音色变化远没有好钢琴明显。普通钢琴，整体音色都不"美"，出现不协调的音符也觉察不出"刺耳"；好钢琴就不同，一旦弹出刺耳的声音，就会觉得特别不舒服而不由自主地去调整它。

女儿就读幼儿园时，有一次去小朋友家玩儿，看到小伙伴的钢琴，就爬上琴凳去弹自己正在练习的曲子，刚弹了两句，就用小手捂着耳朵，爬下了琴凳。我也听到了刺耳的音符，可能孩子更敏感。我对小伙伴的妈妈说起这件事情，结果发现她没有听出刺耳的音符。问及小伙伴，也是没有感觉到有什么特别。后来聊天聊到了弹钢琴的事情，才知道小伙伴的妈妈也和 90% 的家长一样，先选用普通的钢琴，等到孩子弹钢琴的水平提高了再更换好钢琴。

考虑价格因素，是不是可以考虑二手钢琴？

可以。如果懂得挑选，高质量的二手原装进口名牌钢琴也是不错的选择。有些钢琴使用时间不多，磨损少，保养得也很好。同时，早期的木材价格不贵，与现在同档次的钢琴相比，二手钢琴的木材往往好得多，但价格便宜很多。

总之，好钢琴对于练琴非常重要，练琴是一个不断创造的过程，需要有好钢琴给孩子提供更深层、更多样的创造空间。

不同的钢琴对音乐的表达影响很大，经常弹钢琴的人对此感受特别深。女儿目前使用的钢琴是 YAMAHA U3。

所以，在经济能力可承受范围之内，家长要尽可能地为孩子准备一架高质量的钢琴。

孩子学弹钢琴，家长要问自己几个问题

孩子学弹钢琴到底是为了什么？

如果是为了名利心，那就需要改变心态。弹钢琴是一门艺术，艺术就需要学习和创造，需要长期潜心钻研。只有家长安心地陪着孩子一起学习，孩子才能潜心钻研。孩子只有真正地喜欢，才能真正地掌握、学好。家长一定要留心孩子对弹钢琴到底有没有兴趣。

如果孩子对弹钢琴实在没有兴趣，家长逼迫孩子弹钢琴，不但会导致孩子越来越讨厌弹钢琴，还会破坏亲子关系；没有兴趣，弹钢琴对孩子而言是一种折磨和时间浪费，不会有任何收获；假如孩子因为讨厌弹钢琴而导致不喜欢音乐就更是得不偿失。

是不是希望学习弹钢琴能够速成？

所谓"钢琴速成"都是广告用语。学弹钢琴没有捷径，只有少走弯路。

女儿现在每周学习弹钢琴一次，每天练习弹钢琴 1.5~2 个小时，

弹钢琴已经成了她每天生活的一部分。

功夫不负有心人。女儿的钢琴学习取得了出色的成绩，在她 12 岁生日刚过的时候，就以优异的成绩通过了钢琴英皇演奏八级考试，而且更为难得的是，女儿还以优秀的成绩通过了英皇八级乐理考试，这在同龄的孩子中间是很少见的。

现在，女儿已经开始从弹钢琴中受益了。

她对我说："妈妈，每天弹钢琴，我觉得可以让自己放松，内心很快乐。"实际上，作为妈妈，我看到钢琴带给她的好处远远不止这些，如让她体悟到做事情要坚持不放弃，让她明白了所有的进步都是自我管理的结果，使她更清楚没有付出就没有回报的道理。我深深地认识到，女儿自驱力的不断提高和她多年来坚持弹钢琴有莫大的关系。

目前，已经有多项数据表明弹钢琴可以开发智力、陶冶情操，会对孩子的成长和价值观的形成起到积极作用，提升孩子的抗挫折能力和自控力。

所以，如果你的孩子选择了学钢琴，就请你多些耐心，多花些时间、心思让孩子得到这份人生大礼吧！

第四篇
培养孩子的内驱力

✧ 内驱力：点燃孩子的梦想

✧ 坚持：永不过时的品格

✧ 乐观才有希望

✧ 自我驱动：做最好的自己

第 11 章
内驱力：点燃孩子的梦想

现在，不少孩子对学习缺乏兴趣、不爱学习、应付学习、学习需要家长监督、懒惰散漫、敷衍了事、遇难而退……

相反，有些孩子自主独立、求知欲强、学习出色，而且学得轻松愉快。

到底是什么原因造成了孩子的"学习主动性"如此不同呢？

答案是：内驱力。

什么是内驱力？内驱力就是出于内心需要，产生一种做事的动力。这种动力会使孩子在即使没有外界的要求或奖励情况下，也会自发自主地想要变好，想要行动。

我的女儿是基于内驱力进行学习的孩子，我先来分享几件事情，大致描述一下基于内驱力学习的孩子的特征。

关于读书

很多家长跟我聊过有关孩子读书的事情，基本上就是：一提起孩子读书，家长就头疼，因为大部分孩子不喜欢读书。每当要求孩子读书，家长就会感到整个读书过程孩子都在备受折磨，无论是家长陪着、盯着孩子读书，还是找老师来陪孩子读书，效果都是微乎其微。

与大部分孩子不同，我的女儿是一条"书虫"。

我和先生喜欢晚饭后到海边长廊散步，但是极少能邀请到女儿与我们同行，因为通常晚饭后到睡觉前是她的阅读时间。有时，面对我们的热情邀请，她会说："爸爸，妈妈，你们先去散步，我读完两章再去找你们吧。"于是，我们把电话留给她，叮嘱她一定记得打电话给我们。结果往往都是等不到她的来电，我们打电话给她，说好地点请她与我们会合，她总是会说："求求你们了，我刚好读到了精彩的部分，真的是停不下来，没有办法一起散步了。"

关于作业

"陪孩子做作业"最近在网上很"红火"，家长们的各种吐槽、各种无奈、各种暴跳如雷，真是让人看得心惊肉跳。各种跟帖又让人无法怀疑这种事情的真实性。看到这种情景，我觉得很遗憾。我想在"快节奏"的当下，如果家庭教育也变得"浮躁"了，孩子的将来会是什么样呢？

我女儿的作业从小都是自己独立完成。

我觉得女儿能够做到作业独立完成取决于两方面的因素：一是家庭；二是学校。就家庭而言，我们注重培养女儿的阅读习惯，她很早就学会了通过阅读获取知识；就学校而言，女儿就读于国际学校，平时的作业开放性问题比较多，并且学校能够因材施教。

记得女儿 7 岁的时候，有一次我看了一下她的作业，感觉对孩子而言挺难的，于是问她："这个作业你有思路吗？"

"我大概想了想，还需要再做些研究。"她回答。

我继续问："需要我提供一些思路吗？"

她笑了笑，说道："不用了，妈妈。我会自己努力去做，如果用你的 idea（想法或点子）就是不诚实了。"

不过，在丹麦时，我遇到孩子就读于同一所学校的几个中国家庭，他们会陪伴孩子做作业，所以，我说"是否陪孩子做作业"，除了学校的因素，还跟家庭有关系。

小学高年级和中学之后的作业比较多，女儿需要做作业时就会自己安静地待在书房里。当她从书房出来的时候，我们会问："作业做完了？"她的答复通常是"做完了"，或者"还有×××作业我计划×××时候做"，或者"我对×××问题不是很清楚，给老师发了邮件，在等老师的回复"，等等。

总之，在做作业这件事上，完全由她自己安排、自己解决。总的来说，女儿的学习主动性很强。教过她的老师总是会给她"学习主动性强，完成作业很有质量"等评语。

认识我的妈妈们经常会说，因为我培养了女儿好的学习习惯，所以才会有现在的结果——对女儿的学习不用操心。我的观点是，我们培养了女儿的内驱力。接下来我会从家庭教育的角度跟大家分享如何培养孩子的内驱力。

☞ 使孩子获得掌控感，因为掌控感可以滋养内驱力

内驱力与掌控感密不可分。比如读一本书，有很多不认识的生字（掌控感很低），就很少会有人坚持读下去（没有读书的内驱力）。

对于如何使孩子获得掌控感，有的家长采用课外班的方法，有的家长采用家长引导的方法。家长引导的方法需要家长花费更多的时间和精力，并且采用这种方法，通常比较注重孩子的心灵成长。课外班的方法通常是"填鸭式"的，优点是"学什么就提高什么"；缺点是"忽略孩子内心的动力，长期结果是消磨孩子的内驱力"。最终，只有那些独立自主、能把知识融会贯通、求知欲强、能在学习中找到乐趣的孩子，才是真正具有掌控感，并且能把掌控感化为内驱力的孩子。

我们家采用的是家长引导的方法。

女儿大概 4 岁多的时候，看到小区里有孩子在玩轮滑，就想尝试。我给她买来了全套的设备：轮滑、头盔、护膝、护肘、护掌。接下来带她在小区游乐场自己试着滑，跌倒，爬起，再跌倒，再爬起……很快就能滑起来了。

后来，小区有位阿姨想组织几个孩子，周末请教练在小区教孩

子们轮滑，我就帮女儿报了个名，让她试一堂课。

老师是个小伙子，轮滑玩得很酷，地面上摆着教具，孩子们整节课（1 个小时）基本上都没有闲着，按照老师的要求不停地练习。那节课让我感触很深，上课的时候，女儿基本上就是一个被人操纵的机器人。一节课不停地重复练习，是滑得更稳当了，但是我觉得她除了锻炼身体（并且是超过她年龄的锻炼）之外，没有什么本质上的收获，因为她自己没有工夫去思考"为什么要这样做"，也就没法找到掌控感。一节课下来，女儿表示：轮滑一点儿都不好玩。所以，试课结束后，即便周围的家长好心地劝我"不要轻易放弃，要让孩子学会坚持"，但我还是选择不让女儿加入轮滑课，因为我明白这与"坚持"是两码事。

后来，女儿想玩儿轮滑的时候就在小区的路上自己滑一滑，不会什么花样，但是滑得很开心。对于兴趣爱好，我在乎的就是她玩得用心、开心，自己能掌控，自己能玩出门道，而不是一纸证明（获得证书）。

再后来，流行暴走鞋，女儿穿上以后，在家里扶着墙试了几下子就掌握了怎么滑行。女儿穿着暴走鞋在路上像风一样滑行，招来很多羡慕的眼光，不少小伙伴纷纷买来暴走鞋，让我没有想到的是：当初选择上轮滑课、学到很多"本领"的小伙伴们，没有几个能把暴走鞋滑起来。

直到在丹麦读到一本书《从玩耍中获得创造力》（Play Learning Creativity），我才找到了答案，书的观点就体现在书的名称里面。女儿就是在玩的过程中，学会了玩轮滑的技巧，因为这些技巧都是她自己揣摩出来的，所以她能很容易地把玩轮滑的知识运用于玩暴走鞋。

掌控感可以滋养内驱力，内驱力产生的行动会带来成就感，成就感又可以增加掌控感，如图 11-1 所示。如此循环才是学习的良性循环。

图 11-1　掌控感、内驱力、成就感之间的关系

⚷ 让孩子心灵自由，因为自由的心灵是内驱力的土壤

家长教育孩子，必须要让孩子心灵自由，不能让孩子的心困顿于家长的小题大做。

家庭教育的本质是为孩子积累经验，让孩子对未知增加信心、减少恐惧，只有这样孩子才敢有梦想，才会对未来充满希望。但是，我们每天都能见到家长对着孩子发泄自己的情绪。面对这样的家长，孩子的表现是：小时候恐惧、长大后冷漠。我深深地为这样的家庭教育惋惜。

尊重孩子、给孩子心灵的自由，不能与放任混淆。放任是指家长无视孩子的言行，懈怠作为家长教育孩子的职责。尊重孩子、给孩子心灵的自由是指当孩子做错事情时，家长除了引导孩子认识到错误，更关键的是引导孩子找到解决问题的办法。孩子在寻找解决办法的过程中就会积累解决问题的经验。

家长只要用心观察，就会从孩子的言行中读出孩子是否拥有自由的心灵。

女儿给我分享过这样一件事情。小学 5 年级的时候，在班级的圣诞节 Party（聚会）上，她一不小心碰倒了装果汁的杯子，还好她及时把杯子扶起来，果汁只是洒在了桌面上，她就用纸巾把桌子上的果汁清理干净。

她的好朋友目睹了整个过程之后，特别惊讶，用很夸张的语气问她："你怎么一点儿都不害怕？"

"害怕？害怕什么？"女儿问。

"你碰倒了装果汁的杯子，做错事情了，怎么会不害怕？"她的好朋友解释道。

"我已经用纸巾把洒出来的果汁清理干净了，我为什么要害怕呢？"女儿问。

"你在家里发生这样的事情，你的妈妈不会骂你吗？"她的好朋友试探着问。

"不会呀。"女儿答。

"我的妈妈一定会骂我，甚至有时候还会打我。"她的好朋友沮丧地嘟哝。

女儿跟我说完整件事情之后，还是很怀疑地问我："你说她妈妈真的会那样吗？""会的。"我如实回答。因为我见过不少家长处理这类问题的方式就是：不教给孩子怎么解决问题，只是对孩子的出错小题大做，口不择言。

老实说，"碰倒装果汁的杯子"这种事情，我想不管哪个年龄阶段的人都可能遇到，没有什么对与错，只能说是"意外"。然而，家长的小题大做，却会让孩子在将来只要遇到这样的场面，就会自动配上妈妈的责骂声以及复现小时候的恐惧感。

我没有做过因为自己是家长就对孩子"为所欲为"的事情，孩子也需要被尊重，需要拥有一颗自由的心灵。

女儿有一次上学忘记了带体育袋（学校要求学生在体育课上穿运动服装，非体育课时间穿校服。所以，如果哪天有体育课，学生会再带上一个体育袋，体育袋里装有运动衣和运动鞋），当我发现的时候校车已经离开了，我正在想该怎么办的时候，她用学校的电话给我来电话了。

"妈妈，我可能把体育袋落下了。"她说。

"是的，宝贝，我发现了。我正打算给你送过去，但是不知道该怎么联系你？你的电话来得真及时，解决了我一个难题。"我说道。女儿刚进入中学，上课没有固定的教室，女儿没有手机，如果她不联系我，我真的是不知道该怎么联系上她。

我俩经过商量，找到了解决办法：我把体育袋送到学校前台，女儿课间去取。

放学后，一见到女儿，我就对她说："你今天这件事情处理得特别好，知道及时给妈妈来个电话并且提供了可行的问题解决办法。关于这一点我得给你点赞！不过，下次你还是要细心一些，如果落下东西，我就得给你送到学校，这样会耽搁我的时间，打乱我的计划，不是吗？"女儿点点头。

在这件事情上，我既肯定了女儿解决问题的能力，又指出了女儿的粗心会给我带来不必要的麻烦。我没有过度分析这件事情她做得多么不对，也没有讲"自己要对自己负责"的大道理，出现问题积极想办法解决就是负责任的表现，而不是从来不犯错才是负责任。

只有在尊重孩子的家庭环境里成长的孩子才会拥有自由的心灵，只有拥有了自由的心灵才敢去尝试，只有愿意尝试才可能经历计划、执行、失败、苦思、再尝试直至成功（或失败）的全过程，这个过程比做"对"一件事情更重要，因为只有经历了这个过程才会积累属于自己的经验。经验越多，掌控感越强，掌控感与内驱力就如同"鸡与蛋"的关系。所以说，自由的心灵是内驱力的土壤。说到这里，我想提一个问题：面对不爱学习的孩子，家长有没有反思过自己呢？

☞ 给孩子属于自己的时间和空间

孩子在闲暇时间里可以学会如何与自我相处，孩子只有学会了如何与自我相处，才有可能向内寻找内驱力。

现在的孩子很"忙"，不用说平时，就是在周末，孩子的时间都被家长安排得满满的，遇到假期更是空前的"忙"，不少孩子对我说过："我一点儿都不喜欢假期，因为在假期里，我会比上学的时候更忙。"

家长们是怎么看待孩子的"忙"呢？让我没有想到的是，很多家长认为给孩子安排的课外班有玩的、有学的，劳逸结合，挺合理的。我不赞同这些家长的看法。女儿的那节轮滑体验课使我观察到，玩儿的课外班看起来是在玩儿，但是那种听从别人安排的玩儿，一点都不自由，一点儿都不轻松。

　　我坚持认为：不让孩子拥有自己安排时间的自由和权利会带来无形的损失。一方面孩子没有闲暇时间来逐渐认识自我的需求，开启内驱力；另一方面孩子没有机会利用自己的判断去试错、走弯路。

　　一位媒体评论员曾说过：人们如果没有闲暇，创造力和想象力是会锐减的，儿童更是，无论这些兴趣班是多么讲求素质教育。

　　北美高效父母培训专家黄敏说过一段话：孩子成长过程中还有很重要的一点，是一定要有些闲暇时间去逐渐建立健康的自我认知——发现自己的兴趣、爱好、特长、激情，了解自己的优势和劣势是什么等。

　　《从玩耍中获得创造力》一书从脑科学的角度分析了孩子从玩到学、从学到创造力的过程。

　　所以，我认为：身为父母，怎么都不可以用各种活动填满孩子的每一分钟空余时间。

　　现在有不少家长反映，孩子总爱问妈妈："我该做什么呢？"并且只要父母没有给孩子安排事情，孩子就会不停地央求父母："我好无聊啊，能不能让我玩会手机呀？"软磨硬泡得到手机后，就开始看视频或玩电子游戏或玩流行的聊天软件等来消磨时间。所以家长不得不把孩子送到课外班或培训机构，这样孩子就没有时间去玩电子游戏或泡在互联网上了。

　　遇到上述这些问题的家长，通常孩子都不是学前儿童了。看到这些孩子的表现，我一点儿都不吃惊，因为这是父母之前错误教养方式的必然结果。这种现象就是孩子找不到"自我"、不会与自己相处的强烈表现，是父母在孩子小时候没有给孩子闲暇时间导致的后果。

每个孩子在小时候都需要一些"无聊"的时间，需要自己给自己找乐，自己去思考该玩点什么，这也是让孩子体验"自我力量"，感受自己"内心需要"而自主去选择做点什么，实践自我"内驱力"的机会。

"好玩"是孩子发现自己兴趣的起点，"好奇心"是孩子探索的动力，这些都是孩子找到内驱力的途径。在成长过程中孩子需要自己的时间和空间。在自己的时间里孩子所做的事不一定与上名校有关，但一定会有助于孩子今后的人生，使孩子学会如何与自己相处。孩子知道自己喜欢做什么、擅长做什么是个不断遵循内心、不断摸索的长期过程，也是一个寻找最适合自己生活方式的过程。

女儿上学之前，当我们共处一室的时候，大部分时间都是各自做各自的事情。我们从来不安排她该做什么。那时候，她会从玩具区挑选自己喜欢的玩具，自己玩儿，或者找我们一起玩儿。如果她提出一起玩儿，我们就会加入，但不是盯着她玩儿，而是说好游戏规则，按照游戏规则玩。

上学以后，随着年龄的增长，女儿的本领也越来越多了。她喜欢阅读，只要有空就会沉浸在书的世界里。通过阅读经典书籍，她已经开始了自我教育。通过读书她对真与假、善与恶、美与丑有了辨别力，对当下流行但不好的行为具有了自制力。她也喜欢音乐，听到自己喜欢的音乐就会试着在钢琴上弹奏出来，她能快速地在YouTube 上找到自己需要的演奏视频，而不涉足于无聊的视频，这个自制力让我都佩服。进入中学以后，学校开设了机器人课程，女儿也很感兴趣。不止一次对我说，中学的生活丰富多彩，可以接触、学习很多新东西，非常喜欢。

写到这里，我想借用我家先生的话作为这部分内容的结尾："孩子只有小时候知道自己该玩什么，然后才知道自己想学什么，工作了才知道自己想干什么。"

物质奖励会破坏孩子的内驱力

不要试图通过物质奖励来要求孩子完成学习任务。这样做只会让外驱力取代内驱力。

在这里，跟大家分享一个关于内驱力在物质奖励下转化为外驱力的例子。

有一群孩子每天在老人家门口吵，老人受不了，就给了每个孩子 10 美分，对他们说："你们让这儿变得很热闹，我觉得自己年轻了不少，这点钱表示谢意。"

孩子们很高兴，第二天又来了，一如既往地吵。老人再出来，给了每个孩子 5 美分，孩子仍然兴高采烈地走了。

第三天，老人只给了每个孩子 2 美分，孩子们勃然大怒："一天才 2 美分，知不知道我们多辛苦！"他们向老人发誓，他们再也不会为他玩了！

孩子们一开始什么钱也得不到，嬉闹得还挺开心，到了第三天，每人还有 2 美分的奖励，却气得不想玩了。

读完这个故事，使用物质奖励调动孩子学习积极性的家长是不是也发觉，越使用物质奖励的方法，孩子就越觉得是在替家长学习呢？家长现在是不是明白了问题所在了？

🔑 教育的精髓是点燃梦想

"孩子有什么梦想，孩子为自己的梦想付出了什么努力"才是更重要的。换句话说就是孩子拥有内驱力才是更重要的。

就拿兴趣来说，很多家长培养孩子的某个兴趣，可能只是因为看到其他孩子在学，担心不学会耽误自己的孩子而已。实际上，任何兴趣班都无法培养孩子的兴趣，家长需要做的是放弃任何主观判断，给孩子提供足够的机会，让孩子找到基于内驱力的兴趣。

父母如果能引导孩子找到内驱力，再给以优质的辅导，孩子将被激发出无穷的快乐和潜力，从"要我学"变成"我要学"，充分发挥主观能动性。这个要求对家长而言很有挑战性。

女儿是喜欢弹钢琴的孩子。在香港的第一年，女儿跟随一位脾气不好的老师学琴。每次上课时，如果女儿达不到要求，老师就会发脾气，女儿经常在上完课时眼睛红红的。我很心疼女儿，多次建议她："是不是应该换个老师？"她思考之后总是拒绝。

我知道女儿为什么会拒绝。因为来到香港，在遇到那位老师之前，我用了两个多月的时间带女儿见了大概五六位钢琴老师，她一直在寻找能在音乐上帮助自己的老师。

说实话，对于这位老师的脾气，我作为家长都觉得受不了了。于是，我连拖带拽地带女儿去见了一位邻居推荐的老师，老师性格很好，见面结束后，我劝女儿："这位老师脾气多好。你跟着这位老师学钢琴好不好？"

出乎我的意料，女儿回答说："妈妈，我很喜欢弹钢琴，我需要的是能帮助我在音乐上进步的老师，不是只要脾气好就可以的老师。刚才你听出来没有，老师还没有我弹得好听，你觉得我能跟他学吗？"

我无话可说。这个基于内驱力学钢琴的孩子，她知道自己要什么。通过这件事情，女儿不但让我明白了"下棋找高手"的道理，而且也让我明白了在她学钢琴这件事上，我的职责就是帮她找到专业水平高的老师。

当一个人追逐自己梦想的时候，苦也是甜。女儿每天练琴一个半到两个小时，如果不是发自内心喜欢，真是很难坚持。

有关内驱力的话题，我想在这里收尾了。不过，我还是想强调，家是孩子寻找到内驱力的摇篮，家庭教育无法转接到任何课外班。所以在孩子小的时候，家长不要把孩子"寄养"在课外班，希望家长能拿出爱心、耐心、细心帮助孩子找到内驱力。

在网络时代的今天，让人分心的事情太多了，保持对某件事持续的热情，比过去更难，也更重要。所以，在引导孩子的时候，家长要少一些焦虑，把眼光放得更长远一些；家长不要放弃自我成长，只有家长拥有了独立思考的能力，才可能在教育孩子的时候少走弯路。更重要的是家长一定要明白：教育的精髓不是灌输，是点燃。所以，去点燃孩子内心的那盏灯吧，因为孩子的将来只能靠孩子的灯来照亮！

第 12 章

坚持：永不过时的品格

我一直不喜欢"不要让孩子输在起跑线上"这个观点。因为这句话给很多家长带来了许多无形的压力和焦虑，受这句话影响的家长会想尽办法哄着或逼着孩子参加各种兴趣班，如今很多孩子从幼儿园开始，钢琴、小提琴、围棋、舞蹈、绘画、游泳等一个都不能落下。

那些参加了各种兴趣班的孩子，后来是不是达到了家长的初衷？孩子赢在起跑线上了吗？

我发现一个有趣的现象，大部分家长，特别是学前儿童的家长，只是忙着让孩子尝试、体验各种兴趣班，希望孩子找到兴趣，担心孩子错过开发某项特长的"关键期"。但是，很少有家长真正地思考

"孩子试来试去总是找不到特长"的原因。

现在不少家长在各种教育理念的影响下为孩子付出了很多，收获却寥寥无几。比如，经常见到这种情况：只要孩子对某方面感兴趣，家长就二话不说、立马报名。家长这么做的理由是让孩子通过不同的尝试找到自己的兴趣；接下来，小孩子过了兴奋期，特别是在遇到困难、打算放弃的时候，家长又会以"尊重孩子，不逼孩子"为理由，遵从孩子的决定，不想学就不学了，孩子快乐就好。

于是，就出现了这么一种普遍现象，不少孩子一直在参加各种兴趣班，很多年下来，还是什么特长都没有。实际上，这种现象表现在孩子身上，原因却在家长身上。

孩子能否把兴趣发展为特长，孩子在某个方面能否取得成绩，到底什么才是关键因素呢？

美国作家马尔科姆·格拉德威尔在《异类》一书中指出："人们眼中的天才之所以卓越非凡，并非天资超人一等，而是付出了持续不断的努力。1 万小时的锤炼是任何人从平凡变成超凡的必要条件。"他将此称为"1 万小时定律"。

要成为某个领域的专家，需要 1 万个小时，按比例计算就是：如果每天工作 8 个小时，一周工作 5 天，那么成为一个领域的专家至少需要 5 年时间。这也表明，决定能否成功的关键因素是坚持，是自我驱动力。

所以，哪有什么输在起跑线上？人生就是一场自我成长、自我实现的马拉松。一个孩子一开始跑多快不重要，重要的是他持续奔跑的能力，是当他摔倒了，还有能力爬起来继续奔跑。也就是说，重要的是孩子是否具备坚持的品格。身为父母，更要把精力放在培养孩子的"坚持"品格上。

那么，该如何培养孩子的坚持品格呢？

🔑 在日常生活中培养孩子的坚持品格

首先，培养孩子的坚持品格，可以通过与孩子一起共读来培养，家长要努力创造一个可以让孩子专注的环境。

专注的环境，硬件要求是：安静、不被打扰的环境。软件要求是：在做事情之前，家长要让孩子明白规矩；在做事情的过程中，家长要带头遵守规矩。

对于与孩子一起共读这件事情，估计大部分家长都不陌生。对于共读时，孩子不停地要求换书，要求家长一本接一本不停地读书的场景，估计不少家长也都遇到过。据我所知，大多数家长都是很无奈地顺从了孩子，因为家长觉得孩子既然对读书有兴趣，为了培养孩子的阅读习惯，家长辛苦点无所谓。如果我说家长这么做是没有意义的付出，估计会招来很多不理解。我在第 4 章已经提到过，不会读书的表现——读书时心不在焉。孩子要求读一本书，家长刚开个头，又要求换另外一本书，或者是听着家长读书，手里做着别的事情等都是心不在焉的表现。这种态度根本培养不了阅读习惯，日积月累只会养成注意力分散的坏习惯。根本原因是因为家长对专注环境的认识不完整，只知道专注环境的硬件要求，不知道软件要求。

女儿小时候，我与她坚持共读了好几年。对于共读，我俩之间约定的规矩是：读书之前，她先挑好书；可以一本书重复读，不可以一本书没有读完再换另外一本书；每晚共读 45 分钟左右。

我和女儿每晚坚持共读，直到女儿能够独立阅读。共读时，一定会遵守规矩，所以在共读时彼此态度都很认真。女儿能够独立阅读之后，一读书就能进入书的世界，也是得益于在共读阶段她已经学会了读书。

通过培养阅读习惯来培养孩子的坚持品格是很好的途径。但是，在共读阶段，读书时不立规矩、完全随着孩子的性子来，父母根本不可能培养出孩子的坚持品格，日复一日，父母只会沦为孩子的"跟班"。

其次，日常生活中，在孩子独自做事情的时候，家长不要随意干扰，以免孩子养成半途而废的坏习惯。

女儿喜欢拼图、乐高、积木之类的益智玩具。每次在她打算做这些事情之前，我都会大概预估一下时间，保证留出足够的时间让她把事情完成；并且在她做事情的过程中，我不会通过提醒她喝水、吃水果等行为打断她。组装大型的乐高模型通常都需要很长时间，我通常会建议她选择周末或假期组装，保证她有足够的时间去集中精力完成一件事情。

小时候，每次带女儿去儿童乐园，我们不会催促、提醒她玩遍所有的东西，只要她能找到自己喜欢的，全身心投入就好。我记得她的那套电动钓鱼玩具，就是她在游乐园玩了 2 个小时还意犹未尽的情况下，我直接带她去玩具店买下来的。

女儿不到 1 岁的时候，我就开始在家里给她配备了 24 色画笔。

在她涂鸦的时候，如果我在家，我也只是在她的旁边做自己的事情，如看书或读报等，等她画完了拿给我看时，我才会对她的画评头论足一番，但是我从来不会在她做自己事情的时候打断她、给出我的观点。

我见过不少"全力以赴"陪伴孩子的家长，在孩子聚精会神做事情的时候，家长全神贯注地盯着，同时不停地提出自己的见解"是不是这样更好啊""我觉得这里应该这样"等。家长觉得自己在全心全意地帮孩子，结果往往是：孩子选择了"算了，我去玩别的啦"。出现这种情况后，家长们总是怪罪孩子："你做事怎么就没有常性啊？"公平地说，真正该反思的应该是家长。

再次，家长不要代替孩子克服困难。

当孩子遇到困难时，家长可以鼓励孩子自己解决；当孩子通过自己的努力解决不了时，家长要慢慢地、有耐心地引导孩子找到问题所在，最终让孩子自己寻得解决办法。家长不要替孩子做事情，孩子需要自己体验遇到困难时的"苦"和获得成功时的"甜"。如果家长代办，不但这种经历孩子永远无法体验，而且还会养成遇到困难就放弃的坏习惯。

女儿上幼儿园之前，有一段时间喜欢看着说明书搭积木，老实说，对 2 岁的孩子来说挺难的，因为说明书上给出的都是 3D 的图形。

开始搭说明书上的图形之前，女儿会拿着说明书这个角度看看，那个角度看看。每当搭出一个说明书上的图形时她就会邀请我们观看，同时她会发自内心地享受那种开心、喜悦和成就感。

有时，女儿挑选了说明书上比较复杂的图形，尝试了几次不能搭出造型，想让我帮忙时，我就会鼓励她："再多试几次，换个角度看图，实在没有办法了再找我帮忙。"在她经过一番努力还是解决不了的情况下，我才会走近她的"工作区"。先引导她讲讲为什么觉得有问题和自己的想法，然后我会针对问题提示她，她因为之前尝试过很多次，所以通常稍微提示一下就想通了。她按照新的想法搭积木，完工之后，除了对这个"来之不易"的作品倍加欣赏之外，还会对我多一份"佩服"。

我经常见到有些家长，在孩子专注于玩某个玩具总是不成功的情况下，家长直接替孩子换一个玩具，或者从孩子手中接过来帮孩子完成。实际上，家长的这种帮忙方式向孩子传递的信息就是："放弃吧，你不会成功的！""自己做不了，可以让别人替你啊！"家长可能根本就没有意识到：自己正在潜移默化地培养孩子"遇到困难就放弃"的习惯。

🔑 通过特长培养孩子的坚持品格

孩子最终能否拥有特长既不是孩子报过多少兴趣班决定的，也不是孩子学会了几样本领决定的，而是取决于家长的主张和孩子的坚持程度，并且孩子前期的坚持主要来自家长的坚持。

这些年，我观察到的家长主要分为三类。

第一类家长，苦闷型。苦闷：孩子明明对很多东西感兴趣，为什么就是没有特长？

那是因为，以孩子的天性来看，早期处在一个探索阶段，对很多新鲜事物都很容易感兴趣。但是，大部分由兴趣引发的事情，经过一段时期之后，必然会遇到困难，这时候兴趣可能就变成了折磨。只要坚持下去，折磨期过了，就会入门。入门了就会初步体验到乐趣和成就感，这些体验能为孩子提供坚持的动力。孩子有了这样的体验，才会有信心继续深入学习，坚持下去，孩子才能拥有这方面的特长。

那些苦闷不解型的家长往往不知道这个"由兴趣到特长"的过程。当孩子遇到困难、感到压力的时候，这类家长或许是因为心疼孩子，或许是因为没有主见，最终会拿出阿 Q 精神，用自己理解的"兴趣第一""快乐教育""不要逼孩子"等各种理由说服自己：让孩子放弃才是正确的选择。

家长没有把心思花在帮助孩子克服困难、挺过"折磨期"上，孩子没有机会体验"入门"的乐趣和成就感，只是感受到了困难给他带来的挫败感，放弃只会让孩子在潜意识里觉得自己"不行"。

家长的思维模式和孩子越来越"老练"的放弃"伎俩"使得孩子无论进多少兴趣班都是学不到"入门"就放弃了。后来的结果一定是：家长白忙活，孩子无特长。

如果告诉家长是因为没有坚持造成的这种结果，家长一定会反驳："我这些年一直在坚持送孩子进各种各样的兴趣班，我的时间都给了孩子，孩子不是那块料，我做家长的已经很尽心了。"公平地讲，这类家长一直都在坚持"放弃"。

第二类家长是焦虑型：孩子有几样本领，但是没有一样称得上特长。

通常这类家长刚开始会把孩子做得不错，并且还很乐意去做的项目当作孩子的特长。不过，当与周围的同类型家长一交流，就会发现别人家的孩子跟自己家的孩子本事差不多，比来比去，还是没有看到孩子有什么优势、有什么特长。于是就想让孩子再多学几样，希望孩子出类拔萃。这么一来，就掉入了一个怪圈儿，家长忙、孩子累，结果还是有几样本领，但没有特长。

这类家长比起苦闷型的家长，还是让孩子坚持到了入门或初级水平，只是没有继续坚持进入深层次学习。通常这类家长比较焦虑，什么都不想让孩子落下，什么都想让孩子学，但是毕竟时间和精力有限，所以由于没有足够的时间和精力投入，导致孩子学来学去，有本领、无特长。

每门技艺都是一门专业，进入一门专业需要遵从"1万小时定律"。专业的学习路径是螺旋式上升的：感兴趣（兴奋）→瓶颈（折磨）→入门（体验到乐趣和成就感）→新的挑战（折磨）→进入新的阶段，接下来的学习过程再以现有阶段为起点，到达更高层次的新阶段，如此往复，不断提高。每门技艺的学习都是无止境的，只有坚持下去，不断地克服困难，才会一步步深入。

第二类家长的特点是：一旦孩子完成了某门技艺的入门阶段或初级阶段的学习，立马让孩子投入另一门技艺的学习。周而复始，几年下来，孩子是"百门通，却没有一门精"。

这类孩子的特点是：面对小挑战可以坚持，但是面对更大的挑战时，往往会选择放弃。这也是由孩子的成长轨迹决定的。因为家长的焦虑和害怕落后的心理，使孩子没有机会深入学习。只有在深入学习的过程中，遇到越来越大和越来越复杂的挑战，才会锻炼孩子的坚持品格。

第三类家长是坚定不动摇型，通过坚持一门特长的学习培养孩子的坚持品格，让坚持成为孩子的一个习惯。

这类家长认为，孩子获得一门特长是培养手段，而不是培养目的。随着人工智能时代的到来，谁都不敢保证拥有什么特长可以带给孩子更多的竞争力。所以作为家长，面对千变万化的未来，只能培养孩子的生存竞争能力，如培养孩子坚持、克服困难、抵御诱惑、战胜不良情绪等一些做人的优良品质。这些品质的培养可以通过从小培养孩子的特长开始。

孩子能否坚持取决于什么？

答案：取决于父母。

☞ 孩子的坚持来自父母的自控力

在培养孩子特长的过程中，需要父母有对自己的约束能力和严格要求。没有自控能力的父母无法培养出一个有自控能力的孩子。言传身教永远是教育孩子最好的方式。

我女儿的特长是弹钢琴。众所周知，学钢琴是非常艰苦的长时间的事情，家长要为此付出很多时间和精力，孩子要付出很多努力和坚持。通过日复一日的练琴，可以让坚持成为孩子的一种习惯、一种品格。 这些年，不管刮风下雨，我陪着女儿从来没有缺过钢琴课，并且每堂课准点到达；同时，保证她每天的练琴时间。如今她已经体会到了把一件事情做好必须要有持之以恒的精神。

我不是要把女儿培养成一个钢琴家，我是要培养她懂得学习一样东西从不知道到熟练，甚至到成功是一种什么体验、什么感觉，需要付出什么样的辛苦，要忍受什么样的寂寞和枯燥，要如何控制自己的欲望和情绪，等等。因为这些才是以后学习和工作所需要具备的一种强大的内心支撑和竞争力。

通过学钢琴她已经掌握了学习的规律，明白了在螺旋式上升、循序渐进的学习过程中坚持的重要性。

孩子的坚持来自父母的坚持

培养孩子的坚持品格，家长应该先从自身做起，以身作则。

没有人喜欢做那些很辛苦、很枯燥，又很需要耐力才能完成的事情。孩子的每一个坚持都来自父母的鼓励和坚持。

在陪伴孩子的过程中，面对孩子的畏难情绪，家长如果没有足够的耐心和爱心，就会控制不了自己的情绪，表现得不耐烦，因为陪伴本身也限制了家长的自由，孩子选择放弃，家长也可以解脱。

如果在孩子遇到困难、打算放弃的时候，家长以"给孩子自由"为借口选择了放弃，深层次的原因是家长不愿意给自己找麻烦的心理在起作用，是家长选择了放弃培养孩子自我控制能力和毅力的机会。这种看似自由、快乐的教育，其实是家长的自我懒怠，是家长不愿意坚持的借口。

女儿的钢琴老师曾经对我说过，很多孩子中途放弃学钢琴的主要原因是家长不坚持。

对于这个观点，我深有同感。暂且不提我坚持陪着女儿按时上钢琴课、每天练琴。她在练琴过程中遇到困难，该怎么鼓励、帮助她克服困难？面对其他诱惑，如玩电子游戏、看动画片等，该怎么说服她专注于练琴？面对取得的成绩，该怎么让她认识到"一分耕耘，一分收获"？这些情况都需要我认真思考，有足够的定力和精力。我日常生活中的以身作则，对女儿就是潜移默化的培养，几年下来，坚持对她来说已经形成一种习惯。

孩子的坚持来自家长的坚持，所以，在培养孩子的坚持品格之前，家长要先给自己加油。

拥有坚持品格的孩子不一样

只有爆发力没有持久力，不可能成为赢家。

有一年，女儿在班级女生长跑比赛中获得了第一名。女儿告诉我，刚开始跑的时候，她前面有五六位同学。等跑了一半的时候，她的前面还有两位同学。突然，有一位同学速度慢了下来，接着就开始走了，女儿很快就超过了走着的同学，前面还有一位同学。等快到终点的时候，她前面的那位同学也开始走了，女儿又超过了前面的同学，一边跑一边告诉自己：坚持！就像平时练习曲子一样，坚持下来就好了。凭借这样的信念她一直跑到了终点。

她还很认真地对我说："妈妈，最后的几十米跑下来，感觉比前面跑过的几百米还要累，没有坚持真是不可能一直跑下来的。"

做一件事情坚持到底很重要。

女儿在美国学习芭蕾的经历，我在第 5 章详细介绍过。一学期的学习体验，使女儿再次相信：学习过程中总是需要克服一些困难和不适感的，这是很自然的事情，坚持一下，再坚持一下就好了。

总之，每个时代对人的生存技能、知识储备要求不尽相同，当下人工智能更是加速了知识的更新，给人带来了许多莫名的焦虑。今天还流行的东西，明年可能就会过时，所以与其追逐时髦的技能，不如静下心来培养孩子一些本质的东西，如诚实、善良、坚持等，这些品质是任何时代都需要的。从小培养孩子拥有这些品质，提高孩子将来的生存竞争力，才是面对不确定的未来应该做的准备。

有了这些认知之后，父母需要做出改变，因为父母改变，孩子才有可能改变。孩子能否拥有坚持的品格取决于父母；决定孩子将来的不仅仅是知识，更需要坚持的品格，毕竟知识可以过时，而坚持的品格永不过时，自我驱动的能力永不过时。

第 13 章
乐观才有希望

这几年，关于青少年轻生的悲剧时有发生，每个悲剧都让人触目惊心、心痛不已。如果你留心，就会发现这类事件有一个共同点：无足轻重的起因导致了灾难性的后果！面对这些令人痛心的悲剧事件，不由得让人思考：为什么有些孩子遇到一点儿困难和挫折就过不去了呢？为什么有些孩子会这么脆弱和悲观呢？为什么孩子不能对自己的情绪进行自我管理呢？是的，我们不得不接受这么一个现实：焦虑、消极和悲观就像病毒一样在成人和孩子中间蔓延。所以，培养乐观的孩子已经成为父母刻不容缓的责任，因为只有乐观才会有希望，只有希望才能驱动孩子不断走向未来。

那么，什么是乐观呢？我们大多数人的理解是：乐观是更容易看到事物好的一面，或者善于给自己励志——"这件事，我能行"。但是，在积极心理学之父马丁·塞利格曼看来，这些只是乐观的表象，而并非是乐观的基石。从过去 20 多年的研究中，研究者们已经了解到乐观的基本原则。乐观的基础源于人们对事物原因的看法。每个人都有对原因的习惯性看法，在心理学上这些习惯性看法被称为个人特有的"解释风格"。解释风格从儿时开始形成，经常一辈子都不怎么变。当一件好事或坏事发生在孩子身上时，孩子会自觉或不自觉地去解释事情为什么会发生。

根据马丁·塞利格曼 20 多年的研究，他发现悲观者更容易感到抑郁；悲观者在学校、工作、运动场上取得的成绩都低于他们的自身潜力；悲观者的身体健康情况不如乐观者。并且，孩子的悲观可能成为他终身的"心理习惯"。

相反，乐观能够使人经常处于轻松、自信的心境，情绪稳定，精神饱满，对外界没有过分的苛求，对自己有恰当客观的评价。乐观者抗挫折能力强，具备保持心情愉悦的能力，且更有自信。并且，乐观也是一种"心理习惯"。

那么，父母如何培养乐观的孩子呢？

⊙╍ 给孩子无条件、有原则的爱

培养一个乐观的孩子，最重要的是父母要给孩子无条件、有原则的爱。这样的孩子由于从小获得了足够的安全感和自我价值感，所以从小就拥有足够强大的心理能量面对困难和挫折。

关于这一点，想必读过《城南旧事》的人会自然而然地想到林海音的父亲。书中，林海音在回忆小时候父亲对她的严厉管教时叙述了一件值得所有父母玩味的事情。

她小时候经常上学迟到，在一个雨天的早晨，再次赖床不愿意去上学。结果，她被父亲痛打了一顿，然后被家佣送到了学校，她心里充满了委屈和怨恨。然而，她没有想到，到校后不久，父亲也冒着大雨赶来了，给她送来了花夹袄，并且递给她两个铜板。

她突然间认识到了父亲对她的那种无条件、有原则的爱，消除了内心的委屈和怨恨，进而认识到了自己的错误并予以改正，从此再没有迟到过。

在我第一次读完这个故事的时候，内心久久不能平静，想到了 7 岁时候的女儿。

那时，女儿在丹麦读小学三年级。新学年开学后，她每天回到家的时候饭盒总是空的。我问过几次："是全部吃完的吗？"她总是回答得干脆利索："是的。"我也纳闷过，不过很快就给出了"合理"的答案：估计她最近长身体需要吃的多。接下来，准备午餐时，我就会多加一条芝士，多加一些蔬菜，结果回家后饭盒还是空的，并且一进家门就叫"饿"。后来，我就每天把大饭盒装得满满的。现在想来，饭盒里面的食物足够一个成人的分量了，当时我怎么会那么傻呢？不过，如果没有后来的事情，我怎么会认为自己傻呢？

两个月后，有一天接女儿时，我到二楼取她挂在教室门口柜子里的雨衣（平时都是放学后在学校游乐场与她汇合）。刚好最后一堂课的下课铃响了，我就来到教室门口，没想到却发现了她"每天饭盒空空"的秘密：教室里，同学们忙着收拾书包，她却忙着把饭盒里的所有东西倒入垃圾桶。

我很生气！到家后，我带着强烈的不满情绪询问原因，否定她给出的理由，狠狠地批评了她，并且还惩罚她：明天不准带午餐（学校不提供午餐）。

第二天早晨送她上学的时候没有带午餐。学校与车站之间有大概 10 分钟的步行路程，去程，我俩一路无话，她不时地抬头看我，我就看别处；回程，在 10 月的丹麦冷空气里我心情沮丧地走着，眼睛一直不自觉地流泪，脑海中总是浮现她不知所措的神情。到车站后，我没有直接上楼梯进站台，而是穿过车站隧道，走进车站咖啡厅买了面包，又去旁边超市买了香蕉，然后，又原路返回。我刚进校园，就远远地看见了她，她碰巧从办公楼拍照（一年一次拍照）完，正要穿过校园回教学楼。她看到我就迅速地跑过来抱着我，扬起小脸、眼睛红红地对我说："妈妈，对不起！我再也不做那样的事情了。"

后来，女儿再也没有出现那样的行为。

多年后，读《城南旧事》才使我看清：相对于惩罚，父母的爱才是帮助孩子改掉坏习惯的真正原因，并且可以让孩子摒弃怨恨，获得乐观和自信。

如果父母惩罚了孩子，对于孩子，一方面，孩子会屈于父母的威严，对父母保证不再重复坏习惯；另一方面，孩子得到惩罚后会在内心产生委屈和怨恨。如果委屈和怨恨不化解，只会恶化亲子关系，不会帮助孩子认识错误，更不会帮助孩子改掉坏习惯。对于父母，一方面，惩罚之后，父母依然会对孩子的坏习惯愤怒、不满，认为自己对孩子的惩罚没有错；另一方面，父母会在内心深处对孩子产生怜爱和愧疚。父母一定不要吝惜对孩子的这份爱，不要让不满吞噬了这份爱，要把这份爱及时地传递给孩子。只有当孩子感受到父母的爱时，才能够在内心产生足够的正能量，这种能量能够帮助孩子消融委屈和怨恨、认识自己的错误，并且这种心理能量还会帮助孩子改掉坏习惯。

总之，面对孩子的坏习惯，父母要有耐心地帮助孩子认识到坏习惯的严重性和危害性，让孩子明白父母的要求，让孩子领悟到父母对他无条件、有原则的爱。得到这种教养方式的孩子会有强大的心理能量，能够约束自己的不当行为，敢于面对困难和挫折，拥有乐观、自信的性格。

🔑 不要为孩子的小错发火

英国有句谚语"别为打翻的牛奶哭泣"，就是劝人不要为小事费心伤神。这个道理很简单，但实行起来就不那么简单了，这就是所谓的"知易行难"。

养育孩子的过程中会发生很多"意想不到"的小事，如果家长总是为一些小事为难孩子、为难自己，无形中就会错过培养孩子乐观性格的机会。

女儿进入中学以后，置备了不少文具，她自己总说"每天的文具袋都有半斤重"。

有一天晚饭时，父女俩"眉来眼去"似乎有什么事情，我看到后问："说吧，什么事？"女儿吞吞吐吐地说："今天把文具袋弄丢了。"听她这么说，我第一反应就是在脑海中大概算了一下损失多少钱，几百元呢，真是让人心疼。我问："怎么会这么不小心？那明天上学怎么办？"

"明天我先带些必需的文具，没有的就借同学的用用。"

"那好吧，周末再把文具配齐吧。另外，好好回忆一下丢在哪里了，明天到校后再找找，如果能找到就最好不过了，毕竟好几百块钱呢。"

听我这么说，先生马上说："怎么样？我说过妈妈肯定不会训你吧，你又不是故意的。"

有一年圣诞节假期，我和女儿从深圳出发，先生从北京出发，一前一后前往腾冲度假。到达腾冲，车刚出机场，女儿就对我说："妈妈，我好像把书丢在飞机上了。""哦？这可不是好消息，你再找找背包里有没有？"我说道。女儿又把背包翻腾一遍之后很确信书丢在飞机上了。

书是从学校图书馆借的，她在飞机上看完之后放在前面座椅背后的袋子里，下飞机的时候就忘记了。既然是这样，我就对她说："下次你一定要在下飞机前检查一下自己的东西。现在怎么办呢？"

"要不，让爸爸想想办法看能不能找得到？"

"我估计找到的概率比较低，试试吧。"

"如果找不到，开学后我就尽快按照学校的要求把这件事情处理好。"

后来，先生联系航空公司找到了书。

上面提到的这类事情，在养育孩子的过程中都会无可避免地发生。遇到这样的事情，就算家长小题大做地发一通脾气也改变不了什么。最明智的做法就是给予理解，帮助孩子积极寻找解决办法，让孩子明白"事情既然已经发生了，要积极找到解决问题的办法"这个道理。这种"以解决问题为导向"的家庭教育不但能够培养孩子的责任感，还能培养孩子乐观、豁达的性格，遇到问题积极想办法解决问题，而不是束手无策，更不是乱发脾气，发泄情绪。

要会正确地批评孩子

孩子在成长过程中犯错、父母批评孩子都是家常便饭。但是批评孩子需要技巧，用对了方法，孩子就会知错，就会成长。

正确的批评要做到：批评孩子的时候，重点是让孩子知道错在哪里，该如何改正，谁都会犯错，一定不要让孩子觉得只要自己做错了事情父母就不爱自己了。批评孩子要把握两个原则：对事不对人，也就是说如果孩子做错了事情，要指责孩子的行为而不是孩子的品格；就事论事，不翻旧账，不说过头话。

有一年秋天，表妹带 5 岁的儿子到北京看望我们。

我和表妹刚进入小区，小家伙就已经冲到了小区门口的健身器材区，把双腿挂在单杠上玩起来了。

突然，他从单杠上滑脱，头朝下跌下来。我感觉心都要跳出来了，飞快地往健身器材区跑。表妹先到，她没有抱起正在地上大哭的儿子。而是站在儿子旁边不停地数落："你整天淘气，掉下来真是活该！""等脖子折断了，你就有记性了。""你一天到晚风风火火，什么危险玩什么，还哭呢，将来会有什么出息？"等等。

我平时总是听说表妹很溺爱儿子，而她那天的表现完全出乎我的意料，一句接一句地从她口中说出来的，完全就不是妈妈对孩子说得出口的话。我抱起小家伙，他温顺地依偎着我，等表妹火气平息了，打算抱他时，他一直躲避，一直拒绝。

2017 年，表妹的儿子开始读中学。后来，听说上初中以后很难管教，对学习更是自暴自弃。

女儿 3 岁多的时候，有一天我带她在小区边走边玩来到了一片雨花石坑。滑溜溜的小石头引起了她的兴趣，我考虑到雨花石没有棱角，不会有什么危险，就放心地让她去玩。同时，我也蹲下来开始捡好看的雨花石。

只有我们两个人，她不停地捡起石头，扔出去，玩得不亦乐乎。突然她扔出的一块石头直接砸在了我的眼镜上，石头又弹到我的脸上。我捂着火辣辣的脸，心里很恼火。她吓得不知所措，眼泪在眼里打转。我没有马上说话，等压住了心里的怒火才开口："你砸到我了，我脸好疼啊。" 她点点头，走过来用小手抚摸我脸上被砸到的地方，并提出要回家。

在回家的路上，我对她说："今天幸亏只有咱们两个。你应该在扔石头之前先看看，乱扔是会伤人的。这次如果没有眼镜保护，估计我的眼睛都要为你的乱扔石头买单了。"

"对不起！"她声音里带着哭腔。

回到家后，我发现镜片碎了一小块，脸上淤青了拇指肚大一块儿。

分享这两件事情，我是想说明一个事实：孩子不可能一帆风顺、不犯错地长大，学会正确地批评孩子是建立良好亲子关系的一项重要技能。在批评孩子的时候不攻击孩子，需要父母的修养。得到父母正确批评的孩子，会从错误中得到成长，积累有用经验，获得更多的掌控感，进而更加乐观、自信。

🔑 真诚地表扬孩子

自从流行赏识教育以来，不少父母开始通过"你真棒"来泛泛地表扬孩子。我一直不赞同这样的做法。我会把心思用在关注孩子上，有针对性地表扬她。比如："你今天吃饭没有磨蹭，表现不错。""你今天弹琴很用心，弹得很好听。"等等。

父母的泛泛表扬，在幼儿阶段会有效果，幼儿一听到父母对他说 "你真棒"，就会很开心、很高兴。慢慢地随着进入学校的集体生活，孩子开始在群体生活中发现自我。当孩子从父母和从集体得到不同的评价时，刚开始会坚持相信父母，随着集体生活经验越来越丰富，孩子开始相信父母对自己的泛泛表扬是"父母在敷衍我""父母根本就不关心我""没有人在乎我"等。所以说，泛泛的表扬对树立孩子的自信、乐观精神起不到什么积极作用。

父母的表扬越具体，孩子越能体会到父母的在乎，孩子也越能接纳父母的观点，进而建立对自己的肯定，这样的表扬才能对孩子拥有自信、乐观起到作用。

女儿从 6 岁开始进行英文阅读，刚开始是无字绘本，然后是简单绘本。

有一天，送女儿上学的路上，遇到她的同学拿着一本书边走边读。女儿对我说："她读的是章节故事书，我什么时候能读那样的书呀！"听着她那种羡慕的语气，我能感受到她心里面的落差，当时她正在读简单绘本。于是，我说："你起步晚，不过我能感受到你每天都在进步。你现在对自然拼读运用得越来越好了，而且还能复述故事，这可不是每个小朋友都能做得到的。"

她面带喜悦地默默点头。

"阅读既需要词汇和知识的积累，也需要时间的积累，只要坚持，估计到暑假你就能读章节故事书了。"我接着说。

"会吗？真的到暑假我就能读章节故事书？你确信？"

"是的，我确信。我估算过，按照你目前的进步速度，到暑假完全没有问题。"

"太好了！我真希望暑假早点来啊。"

后来，女儿果然在暑假到来前就开始读章节故事书《神奇的树屋》系列了。拿到书的时候，女儿自豪地说："看！我也开始读章节故事书了。"语气里洋溢着自信和快乐。

在陪伴女儿的阅读过程中，对于她的点滴进步我都会给予具体的、真诚的表扬。这样的做法，也使她学会了清晰、准确地把握自己在阅读上的不足与进步。凡事只有发现问题才能解决问题，泛泛地表扬只会掩盖问题，掩盖问题是自欺欺人的做法，有问题不解决就不会取得进步。如此分析，女儿能够在接触英文阅读的第一年就取得那么大的进步也是必然的结果了。

帮助孩子学会合理归因

做什么事情，都会有成功和失败两种结果。如果能够在成功的时候，不但给予肯定还能指出不足，在失败的时候，找到失败的原因，明确努力的方向，那么孩子就会"胜不骄，败不馁"。这种家庭教育方式下的孩子在潜移默化中就能培养出自信、乐观的品质。

进入中学以后，每年八九月份会有高年级学生组织的"星探"活动。活动范围包括小乐队、唱歌、乐器独奏、单人舞、团体舞等。在学校网上报名结束后，会安排在午饭时间试演，评委是高年级的学生。

七年级刚入学，女儿被两个新同学（有姐姐或哥哥在学校读书，比较了解这个活动项目）拉入三人小乐队担任钢琴伴奏。后来，小乐队没有被选中。女儿分析原因：人家一起排练时间少，准备得不充分。有了这次经验，女儿打算八年级时参加钢琴独奏。

八年级刚开学，女儿就信心十足地报了钢琴独奏，她挑选了正在准备的英皇八级曲子，所以试演前她一直都没有落选的心理准备。

试演前一天，女儿在练琴的时候对曲子做了重点练习。第二天放学回到家，我发现她有些心神不定，于是就问她原因。女儿说："今天试演我怎么感觉不好呢？""怎么了？由于紧张弹错了很多地方？"我接着问。

"不是，该做到的我都做到了。但是我对评委不放心，我在上面弹琴，4 个评委（高年级的学生）有两个在吃饭。并且我还觉得他们特别不专业，不像评委。"

"哦，这样是让人感觉不好。"

"我对音乐处理得非常好的地方，也没有感觉到他们有什么反应，我怀疑他们自己都没有明白这首曲子。妈妈，你说，我会不会选不上？"

"有可能。"

"这样公平吗？"

"不公平。每个人对音乐的欣赏都有很强的主观性，但不是说对音乐的水准评定就没有标准。如果评委的资格不够，即使你的演奏水平达到了一定的水准，也不会得到公平的结果。所以，明白这个道理，就不要太在乎这次的结果了。"

后来，女儿对"星探"落选的结果也没有过多放在心上。一个月后，女儿参加了英皇八级考试，同样一首曲子得了满分。

所以说，不管成功与失败，如果孩子能够正确归因，就会拥有发自内心的自信和乐观。

进入中学以后，随着年龄增长，同学们之间私下开始关注成绩。

同学 N，小学就读于新加坡国际学校，中学转入女儿所在学校。新加坡国际学校的"中文"和"数学"在中国香港的国际学校中间都是很有口碑的。N 对自己的中文很有信心。结果女儿获得了七年级年度的"中文学科奖"，一个年级只有一个名额。

之后，N 经常在课间的时候会对女儿说"我听说×××比你的中文好""你知道×××吗？他的中文特别特别好"之类的话。

女儿讲给我这些的时候，我明白是女孩的小心思。我问女儿："听她说这些，你怎么想呢？难受了没有？"

"刚开始有些难受，并且会接话'是吗'。后来就没有感觉了，只是笑笑或装作没有听见。"

"会因为 N 这么说，觉得自己获得'中文学科奖'不应该吗？"

"当然不会。我在北京出生，中文学得好当然没有什么好奇怪的呀。"

听她这么说，我也被逗乐了。事实上，我们都知道原因在于女儿有很好的中文阅读习惯。

教育不能有太多的功利性

任何一门学科或技能的学习，都需要遵循学科规律，循序渐进地学习。任何急功近利、结果导向的做法都无法收获想要的结果。并且无法带给孩子自信和乐观。

女儿从小学习钢琴，我没有像大部分家长那样，规划女儿到什么年龄过多少级，而是引导女儿练好基本功，养成练琴的好习惯，然后慢慢地喜欢上音乐。来到香港之后，她用了一年多时间就分别考过了英皇五级（满分 150 分，得 141 分）和英皇八级（满分 150 分，得 139 分）。而大部分从小就盯着考级的同龄孩子，学得不错的还多数处在英皇六级或七级（满分 150 分，得 100~120 分）水平。

女儿从小阅读，我没有要求她读书的时候要记住多少词语，没有教她如何分析句子结构、总结段落大意，也没有要求她只读对写作有帮助的书籍等，而是让她先体验到阅读的乐趣，再逐渐进入"一书一世界"的境界。我更没有因为阅读不能对成绩产生立竿见影的效果而选择让她放弃阅读转战辅导班。经过几年的积累，女儿在阅读、写作、理解能力和自学能力等方面都已经脱颖而出。

对女儿的教育，我一直坚持"过程导向"，"过程"既能考验家长也能磨炼孩子。现实生活中，有些家长会利用自己的各种资源为孩子获得他人难以获得的"成就"，然而这种"成就"就像肥皂泡，七彩炫目，但都维持不了太久，到头来只是满足了家长的虚荣心，让孩子更加找不到"自己"而已。就像孩子不可能一天长大一样，孩子的习惯、能力、性格都需要过程的磨砺才能够养成。

教育的功利性通常都是由家长的"结果导向"造成的，结果导向的家长往往会忽略孩子的个性差异、盲目攀比。每个孩子的天资、性格都不同，一味地盯着结果只会给家长和孩子带来焦虑。

2014年春节回老家，我闲来无事随手翻看小外甥（与我女儿年龄差不多）的"寒假作业"，发现他有道数学题解题思路不清晰。我就让女儿和外甥分别解算那道题，碰巧小外甥的同学在场，也提出参与，当然好了，孩子们有竞争更能发挥各自的潜能。

最终，三个孩子的结果是：小外甥还是没有解算出来，也说不出解题思路，主要原因是基础不扎实；女儿有解题思路并且解算正确，但是一看就没有经过正规训练，解题步骤很随意；小外甥的同学一下子给出了三种解题方法，每种解题方法都是简洁、清晰，很完美。我很吃惊在这么短的时间里他一下子就能想出这么多解题方法，其中有一种方法我都没有想到。后来了解到：这位同学是年级第一，妈妈对他的学习特别上心，数学题型妈妈会替他总结，平时他看到数学题就能说出"有几种解题方法"。当时，得知是这种情况，我隐隐地对那位同学的家庭教育方式感到担忧。

2017 年，孩子们进入了中学。前段时间当我问起外甥的那位同学时，外甥的妈妈直摇头："也不知道怎么回事，这个孩子以前学习那么好，到了五六年级就成了中等生，进入中学以后，数学有时候还会不及格。真可惜呀！"

实际上，这位孩子的妈妈就是功利心太重，是典型的结果导向型家长，为了孩子拿到高分，妈妈不惜一切代价替孩子学习，如替孩子总结题型、给出解题方法，孩子只要记下来拿到高分就行。实际上，这位妈妈的做法在小学低年级阶段对拿高分很管用，并且拿到高分能给孩子带来直接好处：孩子既得到了不真正属于自己的荣誉，还能收获满满的自信心。不过，与此同时，妈妈的做法也正在无形中让孩子无法体会到学习的乐趣。通常，孩子可以通过摸索找到适合自己的学习方法，在这个过程中，不仅可以培养好的学习习惯，还能够让孩子体会到学习的乐趣。等到了小学高年级阶段，由于知识难度增加，孩子学习起来就会感到吃力，那时，妈妈就算有心替孩子学习，作用也会越来越小。由于孩子之前没有得到应有的锻炼，缺乏自己解决问题的能力，那么孩子就会慢慢地走下"学霸"的神坛，之前建立的自信心也会跟随着一点点消失。

所以，如果家庭教育带有太多的功利性，最终会伤害孩子的自信心和破坏乐观性格的培养。

培养温馨和谐的家庭氛围

在温馨和谐的家庭里，每个人都有话语权，每个人都会受到应有的尊重。家长不会"倚老卖老"，小孩不会"倚小耍赖"。

有一次，女儿一本正经地说："M 家是妈妈说了算，其他人必须听妈妈的。Y 家是爸爸说了算，所有人都得听爸爸的。"

"咱们家呢？"我问。

"咱们家是都说了算，谁有道理听谁的。"她答。

听她这么说，我发现还真是事实。看来孩子也是明察秋毫啊。

在温馨和谐的家庭中长大的孩子，心灵比较自由，思辨能力强，敢想敢做。有关女儿学习的事情，我只把握大方向，具体的事情由她自己决定。比如目前她自学数学教材，我跟她一起讨论大概的时间节点，她自己把握每个章节的学习节奏。她在自学过程中遇到困难，我也只是点拨，由她自己找到解决办法。即使她问了很简单的问题（有时会因为一时没想明白卡住），我也不会因为她不懂而带着嘲笑、挖苦、戏弄的语气和态度对她讲话。

偶尔，女儿会推荐英文小说给我们读，当我们遇到不懂的地方请教她时，她总是会很认真地帮助我们，从来没有因为自己水平高而"居高临下"。读完后，我们一起讨论故事情节，分析侦探小说的推理逻辑，各抒己见，每个人都会在平等、自由、温馨的家庭氛围中享受共同读过的书给我们带来的快乐。

女儿读小学五年级的时候，我订阅了《时代周刊》，看她不碰杂志，我就故意把杂志放在客厅的茶几、沙发，甚至餐桌上，结果半年过去了，她都不翻看。我私下与先生商量："要不要找个机会跟她聊聊该看看杂志的事呢？"先生说："算了，你不能因为她英文水平高，就觉得杂志是给她订的。"我想想有道理也就作罢了。

在美国总统竞选的那段时间，同学们之间聊得比较多的是有关美国竞选的话题，由于我们家很少看电视，女儿也很想了解有关竞选的事情，给我表达了她的愿望。我赶紧说："《时代周刊》里有很多竞选的话题，你自己找来看吧。"于是，女儿开始看《时代周刊》了。进入中学以后，又主动提出订了《经济人》。

总之，在温馨和谐的家庭氛围中，孩子没有心理压力，会根据需要主动获取知识。孩子知识越多，与家庭成员之间的谈资就越多，在交流过程中就会积极思考，表达自己的观点，提高思辨能力，这样孩子就会更加自信、乐观。

善用幽默

与有幽默感的人交往，会让人身心愉悦。用幽默化解尴尬更是能让人体会到"四两拨千斤"的作用。同样，在家庭教育中，如果善用幽默，也会收到事半功倍的效果。

女儿小的时候，每当她不高兴了，先生总是会一边盯着她的脸一边说："怎么感觉天阴了，什么时候能阴转晴呢？"如果她没有反应，他就会继续说："这会儿是半阴半晴，据我看快要放晴了。"女儿这时就会憋不住，甚至带着泪水笑起来。

有一次，我带女儿从福田口岸出境，女儿指着地面上的"请勿滞留"对我说："妈妈，我认识地面上的字，请勿'dai'留。"我赶紧快走几步，她追上来问："你怎么了？为什么走这么快呀？"

"嘘！可千万别让人看出来我是你妈妈。"

"怎么了？"

"没什么，只是你刚才把'滞'念成'dai'，我有点儿不好意思。"然后我们一起心领神会地笑了。

有一次钢琴课上，老师多次提醒女儿把"降 B"弹成了"B"。下课后，我提起此事时，女儿说："'降 B'和'B'差不多嘛。"我接着说："哦，是吗？甲身高 1.1m，乙身高 1.9m，那是不是说甲和乙身高差不多呢？毕竟都是 1 米多嘛。"女儿听完后大笑。

女儿也很幽默。有一次晚饭时一起听音乐，她一直对我讲听到的曲子是什么样的音乐感觉，如树叶在风中起舞，被卷上了天空；躺在树下，看着蓝天白云，小鸟在树上唱歌，等等。她还讲曲子的结构安排得多么巧妙，如大调与小调如何巧妙地转换，如何听出是什么琶音，等等。面对如此专业的分析，我因为知识量不够没有回应。她突然来了一句："认真点！老师正在给你上课呢。"

"谁？"

"我呀，我现在就是你的老师。"

说完后，我俩都乐了。后来约定她免费教我音乐知识，我必须认真学习。

　　总之，乐观是一种世界观，也是一种自我管理情绪的能力。当面对挫折和困难时，乐观能够让人更好地坚持下去，直到收获最终的成功。悲观者在挫折和困难环境中，更容易选择放弃。所以说，乐观才有希望。令人欣慰的事情是：所有的父母都能通过生活中的点滴小事培养孩子的乐观性格。不管怎么说，抛开"成才"，单从"成人"的角度出发，家长培养乐观的孩子就是一件特别重要、特别有意义的事情。

第 14 章

自我驱动：做最好的自己

　　有一天，女儿一进家门就很兴奋地对我说："妈妈，今天集合时校长给我们讲，每个人都要尽力做最好的自己。比如，学生 A 考入了哈佛大学，学生 B 考入了香港大学，学生 C 考入了一所职业大学。哈佛大学是 A 尽自己最大能力进入的学校，香港大学是 B 尽自己最大能力进入的学校，职业大学是 C 尽自己最大能力进入的学校。这样 A、B 和 C 都特别棒，因为每个人都在尽力做最好的自己。"我认真地听完后，对女儿说："你们校长讲得真好！"

　　教育孩子不是为了满足大人的成就感，而是为了培养孩子自我管理的能力，让每个孩子成为最好的自己。我很感恩女儿能身处这样的学校教育环境，使得她能够自然健康地成长。

作为家长，在家庭教育中该如何引导孩子"做最好的自己"呢？这个问题对父母而言的确是一个很大的挑战。我一直以来坚持的观点是：家长需要引导孩子通过自己的付出和努力，凭借自己的能力成为最好的自己。家长要把适当的期望值和发展目标引导孩子内化为自我发展的要求和目标。毕竟，教育之为教育，正是在于它是一种人格心灵的唤醒。然而，周围司空见惯的现实却是，家长忽视孩子生理和心理的实际情况，只按照自己认为"合理"的期望去要求、教育子女，结果往往是"期望越高，失望越大"。

我对女儿的教育原则是：让孩子学会为自己负责。我认为每个孩子在内心深处都想成为父母的骄傲，都有获取成就的动机，但是家长过度投入教育和保护孩子，把孩子当成自己生命的延伸或是成就的来源，把太多期待放在孩子身上，导致给孩子造成了很大的压力，使孩子不能成为真实的自己。

那么家长该怎么做才能让孩子做最好的自己呢？我从以下几个方面与大家分享我的看法。

爱孩子

家长要无条件、有原则地爱孩子。溺爱不是爱，过分严厉也不是爱。孩子成长过程中会遇到各种各样的问题，家长在教育孩子时要有足够的耐心，不可以在顺利时对孩子充满信心，遇到挫折时对孩子心灰意冷。孩子的好习惯是在家长不断引导和纠正中养成的，好品质也是长期培养的，都不可能速成。只有家长有持之以恒的爱心和耐心，孩子才能发挥自己的潜能，成为最好的自己。

在中学的第一次家长会上英文老师说，女儿的阅读水平超出他的想象，并且提议女儿借阅九至十一年级推荐书单上的书。如果我说一个事实：在 5 年前，女儿 26 个英文字母不会写，一个单词不认识，估计很多人要大跌眼镜。不过，女儿的阅读水平就是从 5 年前的"目不识丁"到了现在的老师"刮目相看"。怎么做到的？秘籍就是：爱她，无条件、有原则。

当我们到了丹麦，女儿入学以后，我发现她的同班同学中阅读水平高的孩子已经在读章节故事书，而那时女儿还不认识单词，差距非常大。但是我没有通过拿出她与同学之间的差距来刺激她读书，而是开始陪着她坚持读书，从一个单词都没有的绘本，到只有很少字的绘本，再到章节故事书，直到她自己能够独立阅读。我用爱的行动告诉她，坚持阅读，享受阅读，进步及成绩都是水到渠成的事情。

女儿能够独立阅读后，我经常鼓励她跳出目前的阅读舒适区，挑战一下高难度的书籍。如果借到了超出她的阅读能力太多的书，她就会在读书的时候，把书拿起、放下，放下、拿起……很难进入书本。显然，她遇到了挑战和压力。遇到这种情况，我就会建议她："是不是需要换一本书，过一段时间再来读这本？"因为我知道，学习是一个过程，如果家长只是盯着结果，很多时候都不能心想事成。

总之，无条件地爱孩子可以建立良好的亲子关系，让孩子在家庭中找到归属感；有原则地爱孩子是为了引导孩子认识到自身的问题，正视问题并最终克服困难、超越自我。

🔑 帮助孩子正确认识自己

家长要有一颗平常心，帮助孩子正确认识自己，家长让孩子发现"我是谁"比"成为谁"更重要。每位家长都希望自己的孩子优秀、出类拔萃，这是人之常情。但不要把自己的孩子与别人的孩子做无谓的比较，这样既会严重伤害孩子的自尊心，也会影响孩子发挥主动性。

每个孩子都不相同，即使是同一个家庭的孩子，也是各有各的特点，但不管孩子敏感或迟钝、开朗或忧郁，父母都很难改变。家长应该像伯乐一样，发现孩子的特质，顺势引导，让孩子有足够的勇气和信心去做最好的自己。

家长只有拥有一颗平常心，才会善于发现孩子的优势和不足。家长要让孩子明白：你看到了他的长处和不足，并且不管怎样，家长都会接纳他。这一点很重要，因为父母在孩子心目中的分量很重，孩子很在乎父母对自己的看法和认识，这直接影响孩子对自己的看法和认识。作为父母我们要从孩子健康成长和发展的角度来看待孩子，而不是仅仅从孩子的学业发展方面来看待孩子。无论孩子是优秀，还是在横向比较中处于劣势，家长都应该用一颗平常心引导孩子接纳自己，这实际上也是帮助孩子发现自己的优势和不足。

女儿就是属于那种努力"做最好的自己"类型的孩子，中学第一学年结束后，各科老师给她的学习态度评价都是"优秀"。

有一次，我和先生一起在家长等待区观看女儿的游泳课。看着女儿全力以赴地向前游，而有些孩子在游泳池里边游边玩，先生说："咱家孩子是不是太要强了？你看她在她的那个泳道总是第一，里面还有几个男孩呢。"

后来，与女儿聊天，我问她："游泳的时候，你是不是为了得到泳道里的第一才游得那么卖劲儿？"

"当然不是了。我努力是为了自己的提高呀，并且我的能力使我成了泳道的第一，跟其他人没有关系。"

"那就好，要知道'山外有山，楼外有楼'，自己尽力了就好。"

"妈妈，我很清楚自己的优点和不足。比如，在我的科学项目小组里，我的画画就没有 S 好，而我的研究能力很强，这个主要跟我读了很多书有关系。每个人都有自己的优点和缺点，努力就好，没必要总想着跟别人比，要跟自己比。"

女儿这么说也是我意料之中的解释，我平时就是这样引导她的，我对她的优点和缺点看得很清楚，也经常跟她一起分析她擅长什么、不擅长什么，同时我鼓励她努力成为最好的自己，所以女儿才对"自己"这么自信。

🔑 帮助孩子找到适合自己的目标

因为每个人的能力不同，所以每个人都应该有适合自己的目标，家长应帮助孩子找到适合自己的目标。

女儿就读的学校就是"因材施教"的教育理念。我在女儿读中学第一年的圣诞节前夕参加了学校举办的关于"能力测试结果"的说明会，了解到，学校要求进入中学的七年级新生在入学的第一个月全部参加能力测试，学校会根据测试结果决定哪些学生需要帮助，哪些学生需要得到更有挑战的任务。总的来说，学校是为了根据测试结果，帮助孩子找到适合自己的学习目标。

实际上，在小学阶段，学校就是按照"因材施教"的教育理念开展教学工作的。平时，同一个班上的学生得到的数学作业与课堂练习通常分为 A、B、C 三个等级。到了小学高年级（五年级和六年级），每个班上会由老师选出 5~6 位学生，一个年级有 4 个班，那么一共会选出 20 多个学生重新组成一个数学班（通常称之为数学高班），每周由专门的老师辅导一次。其他科目也有类似的安排。

一位从加拿大回到中国香港的朋友，她的孩子跟我的女儿同班。有一次与这位朋友聚会，我提到了学校中文语言高班这件事情，朋友对此有自己的看法，觉得学校这样做不合理，应该让每个孩子都有机会去试试语言高班。于是，这位朋友就给班级老师写邮件提出了自己的看法和要求。老师很快就安排朋友的孩子进入了语言高班，结果孩子完全听不懂，听了一次课就放弃了。因为这个孩子出生在加拿大，在国外期间，中文几乎没有学过，基础比较差。

朋友的心情我理解，每个家长都很难接受自己的孩子在某些方面不如别人的孩子，但是，不根据孩子的实际情况来设定孩子的学习目标是非常不可取的。目标过高，只会给孩子带来焦虑和无助感；目标过低，会让孩子觉得无聊甚至失去学习的兴趣。

家长只有认识到每个孩子的不同，不根据别人的选择设定自己孩子的目标，心平气和地接纳自己的孩子，才能帮助孩子找到适合自己的目标。孩子只有找到了适合自己的目标，才能体会到学习的乐趣和解决问题的成就感，才能通过努力实现最好的自己。

让孩子体验成功的喜悦

孩子需要体验成功的喜悦，而且一定是体验"自己做到了"的那种感受。这种感受是最直接、最有效的激励，可以激发他敢于突破自己，做得更好。

朋友的孩子参加钢琴演奏级中级考试，成绩达到了"优异"。按说孩子取得这么优秀的成绩，父母应该高兴得合不拢嘴了，但事情总是不遂人意，现在这个孩子经常在家里咆哮、乱扔东西。

原来，这个孩子从学习钢琴开始，家长就请了音乐学院的学生作为钢琴陪练，一直到现在，已经超过 10 年了。孩子在小时候是陪练天天陪着练琴，现在是每周三次陪练上门。

孩子学琴这么多年，在弹琴方面，一直都在做"正确的事情"，当遇到问题时，自己连解决问题的机会都没有，因为陪练在身边时刻提供帮助，避免他在练琴时走"弯路"。目前，从考级证书上来说，孩子级别很高，成绩很好，但孩子对音乐的感觉没有找到，还不能发自内心地感悟和享受音乐。孩子弹琴的更大喜悦来自证书带来的短暂的成就感。

如今，这个青春期的孩子已经体验到了"音乐感找不到"的挫败感。从弹琴开始，这么多年都是陪练陪着他走过来的，孩子没有把握离开陪练自己是否能处理好每周的练琴任务，所以心情很烦躁，出现了经常在家里情绪失控的举动。

想想也是，陪练一直都是这个孩子学琴路上的一个拐杖，这么多年都是拄着拐杖走路，如今孩子大了，发现有拐杖不正常，但是又对自己的独立行走没有信心，能不咆哮、发脾气吗？

所以说，家长让孩子经历失败的沮丧和体验通过努力取得成功的喜悦对孩子来说是宝贵的成长财富。如果家长剥夺了孩子的这种经历，孩子即使取得了骄人的成绩，那么也体验不到"自己做到了"的成就感，因为不是自己通过努力做到的，自己根本就不知道自己的水平在哪儿，怎么去突破自己、超越自己呢？

🔑 让孩子看到希望

家长在养育孩子的漫长过程中，总会遇到很多问题。面对问题，家长一定要用乐观的态度使孩子看到希望。孩子只有看到希望，才会有勇气面对困难、有信心通过努力获得成功，最终成为那个最好的自己。

女儿学琴有 7 年了，音乐感对她来说一直是很棘手的问题。当钢琴老师告诉我，女儿找到了音乐感的时候，女儿和我都有一种被巨大喜悦包围的感觉，并且这样的感觉持续了好久，对我而言，应该说是"如释重负"的感觉更多。

在女儿寻找音乐感的这些年中，我困惑过、焦虑过、气馁过，甚至想到过放弃，但是面对女儿，我一直鼓励她：只要努力，一定会找到音乐感！

对我本人而言，听到"音乐感"这个说法是在丹麦，真正明白"音乐感"是什么是在中国香港。

在丹麦，每次上课，老师都要强调"音乐感"。女儿经常一首曲子弹 2~3 个月，就是因为音乐感没有做到位。课堂上老师反反复复地跟女儿讲解乐曲的某个地方该怎么想象，女儿也能在课堂上模仿老师的弹奏，但是等一周后再见到老师，老师又要重新讲解。我的感觉就是老师讲得很用心，每次上课都尽力尝试不同的方法去激发女儿在音乐方面的想象力，但是女儿学得很迷糊，因为音乐感不像曲子，可以写下来，哪个音符弹错了可以直观地看到。

我不懂音乐感，我也听不出来有音乐感和没音乐感的差别。

我坦诚地告诉女儿："之前，没有听说过音乐感，而来到这里，听到最多的却是音乐感，我不懂什么是音乐感，但是老师这么重视，说明音乐感对音乐的学习来说特别重要。所以，你听老师讲解的时候，要打起十二分的精神，如果你能在丹麦期间明白音乐感，就能在学琴上获得一个很大的突破。"

听了我的见解之后，女儿弹琴更加努力，当时她不但需要记谱，而且需要记下音乐感，因为只有这样，她的曲子才能过关。关于这一点，我也是后来才知道的。这种对音乐感死记硬背的学习方法，会让弹琴这件事情变得异常的艰辛。在中国香港，女儿见到著名钢琴家黄懿伦老师的时候，弹奏了一首她练了一个多月的曲子。黄老师听着女儿的弹奏，先是皱起眉头，后来让女儿停下来，她自己把曲子弹奏了一遍。黄老师的弹奏，让我一下子感受到了什么是音乐感。原来音乐感就是音乐的灵魂，曲子只有有了音乐感，才会有生命，才会活灵活现。后来，黄老师根据女儿的情况，介绍了另一位在香港音乐界德高望重的黄老师指导女儿学琴。

我对女儿说："你真幸运！遇到这么好的老师，要珍惜跟黄老师学琴这个机会。有这么好的老师帮助你，只要努力，我相信你一定会找到音乐感，会做得更好。"

女儿很懂事，也很努力。但是，面对女儿每天两个多小时的练琴和每周见面时老师的不满意，我在内心深处开始气馁。老师不相信女儿每天练那么久弹出来的曲子却是那么不成样子，并不止一次问她弹琴的时候有没有专心。老师甚至说："这段时间如果这个关（找到音乐感）过不去就另请高明吧。"

我开始怀疑自己的观点（只要努力就能找到音乐感）到底对不对？我不想女儿在失败中放弃，虽然对女儿，我还是鼓励她要努力，要认真领悟老师的讲解。暗地里，我却开始与先生商量，是不是找个什么合适的借口，在适当的时候劝说女儿放弃。不过，看着那么努力练琴的女儿，我觉得：我应该帮助她走出困境，她没有放弃，我就不应该有放弃的念头。

我决定与女儿一起找原因。音乐，首先要学会听。弹琴的过程就是：把通过耳朵听到的音乐（由老师或钢琴家弹奏），结合自己的想象力，通过弹奏表达出来，再用耳朵感知弹奏出来的音乐与听到的音乐的差别，只有听出了差别，才可能调整弹奏方法，直到弹奏出来的音乐能够表达出自己的想象。这么一分析，女儿觉得还挺有道理。基于上面的分析，我鼓励女儿在上课时要时刻记得用自己的耳朵听，不懂的地方就及时向老师请教。

慢慢地，女儿开始与我交流她听着音乐想到的画面，我知道，她一直在我们分析的那个方向上努力。按照这样的方法努力了大概一个多月，有一次下课后，女儿兴奋地对我说："妈妈，我今天一下子明白了老师在讲什么。我觉得我懂了什么是音乐感。"果然，再次上课的时候，老师就说她开窍了！

我很庆幸自己在女儿走出困境的这个过程中，始终鼓励她，给她希望，使她最终成功地找到了音乐感，这个成功带给她的不仅仅是喜悦，更大的收获是：她相信自己能做得更好，并且努力去做最好的自己。

⚷ 找到不同年龄阶段的不同关注点

在孩子的不同年龄阶段要有不同的关注点。虽然养育孩子没有统一的模式，但是各个阶段家长需要关注的重点还是要遵循的，只有每个阶段应该做的事都做到了、做好了，才能帮助孩子做最好的自己。

正如蒋小宁老师所说：在学前，父母要满足孩子的好奇心，注重激发孩子的学习兴趣和热情；在小学阶段，父母要帮助孩子养成良好的学习习惯和生活习惯；随着年龄的增长，父母就要放手培养孩子的能力，并不断全面提升孩子的素质。虽然孩子的成长是有阶段性的，但是他们的成长也是连续的。前期的关键问题解决得好，对后期的学习和成长就会起到较好的助推作用。如果忽略前期应该做的事，后期"亡羊补牢"也难以取得满意的效果。

对女儿，我就是按照兴趣、习惯、能力这样的顺序一路引导、鼓励走过来的。

女儿读的是 IB 课程体系，对写作要求很高。进入中学以后，对写作的要求就表现得更加明显了，体育课也会要求孩子们写某个运动项目的规则、技巧，学到了什么，感觉什么地方对自己是挑战，等等。不少家长一看到孩子写作很吃力，就到处打听提高写作的捷径，看到开出的方子是：阅读，阅读，阅读！家长们很懊悔，没有培养孩子的阅读习惯，引导孩子爱上阅读。前期应该做好的事情没有做好，孩子对付目前的任务都很困难，哪有精力去思考怎样才能做得更好？

所以说，家长的角色是动态的，需要不断学习、不断成长，面对不同阶段的孩子，要及时调整自己的心态和方法，如果家长自己没有提升，就很难教养出"做最好的自己"的孩子。

承受挫折，正确认识挫折

让孩子承受挫折，正确认识挫折，勇敢去做最好的自己。人生不如意十有八九，遇到挫折很正常，不能因为遇到挫折就否定自己，放弃自我。

IB 课程体系要求数学和语言是必选科目，由于有不擅长数学和语言的孩子，所以针对数学和语言还专门设计了"初学者"级别。

朋友的孩子特别优秀，但特别不擅长数学。为了帮助孩子，这几年朋友把能做的都做了，孩子的数学成绩依然没有起色。如今孩子已经进入 DP（大学预科）阶段，朋友也意识到数学对孩子来说是无法逾越的门槛。

进入 IB 选科阶段时，父母敞开跟孩子聊了有关数学学习的事情，孩子选择了"初学者"（IB 数学科目的最低级别）级别的数学，选择这个级别就意味着在申请大学时有很明显的劣势，但是孩子的实际能力决定了他必须承受这个挫折。那么就由此否定自己吗？朋友是智慧型家长，儿子的强项是文科，于是就鼓励儿子发挥自己的优势，选择了 4 个高级别的科目（IB 要求 3 个高级别科目，3 个标准级别的科目）。

听朋友讲完儿子的 IB 选科经历，我很佩服朋友，也很佩服孩子。对学习 IB 课程的学生来说，选择 4 个高级别科目是相当有挑战的，只有极少数的孩子敢去挑战。我对朋友说："我相信你儿子将来一定会很有出息的，因为他在这么小的年龄就学会了承受挫折，更可贵的是，面对挫折，他选择了做最好的自己。这主要还是因为你们做家长的给了孩子敢于挑战的勇气。"

如果父母只是想看到孩子成为"人中之龙，人中之凤"，那么就没有勇气接受孩子的不完美。父母都不接受，孩子怎么会有勇气承受挫折，怎么可能面对挫折，去做最好的自己呢？孩子的放弃本质上源于父母的放弃，孩子的优秀也源于父母的智慧，这么说，为人父母是不是只有不断地提升自己，才能担起"父母"的责任？

关于做最好的自己，我就分享到这里。总之，我是想让家长们知道，在教育孩子的过程中，攀比除了带来焦虑，不能解决任何问题。正确地认识孩子，接纳孩子，帮助孩子提高自控力，做最好的自己才是父母的首要任务。父母智慧了，孩子就优秀了。所以身为父母什么时候都不能放弃自我学习，更不能放弃自我管理，毕竟眼界不同，看问题的角度就会不同。而只有自我管理能力强的父母，才能培养出自控力强的孩子。